光光老師×美希老師的
40 堂語言發展課

升級孩子的語言力

光光老師｜廖笙光｜
美希老師｜葉美希｜
——合著——

推薦文

孩子語言發展上的葵花寶典

何翩翩（牧村親子共學教室負責人）

光是看到書名就已經引起我很大的閱讀興趣，在幼教現場多年，語言的部分一直是不同階段家長們的困擾。從一、兩歲學步兒的流口水、奶嘴、副食品，到兩、三歲幼兒的臭奶呆、該不該為了刺激語言兒提早送去上學、口吃問題，一直到四、五歲之後的構音、語意、語用問題、培養閱讀習慣等等，沒想到在這本書中全部找到了答案！

很多家庭常為了孩子的情緒教養而苦，我們發現有些所謂情緒失控的孩子，根本是在情緒的覺察、理解、調節及最後的表達上出了問題，而情緒失控其實只是表象。在光光老師及美希老師合著的這本書中，不但點出了很多大人的盲點，更提供各式的策略，讓我看完都想趕快到教室中實作一番。

能夠如此連貫又細膩的點出孩子從零歲到小學初年級的各個語言發展關鍵，並提出具體的解決策略，真的是需要極深厚的功力，如果不是有足夠的臨床經驗與專業肯定是做不到的。因此一定要向大家推薦這本實用好書，相信它將會是家長與老師們在孩子語言發展上的葵花寶典。

推薦文

透過升級語言力看見幫助孩子進步的光

邱怡婷（語言治療師、中山醫學大學語言治療與聽力學系助理教授）

第一次見到美希老師與光光老師的《升級孩子的語言力》，除了讚嘆外，也著實為家長們開心。因為，終於有一本書、一冊指引，讓有心卻徬徨無助的家長們容易讀、容易瞭解、容易跟著做。

在從事語言治療的臨床工作裡，我長期觀察家長們對語言治療的看法，「治療師要等好久」、「治療師的話很專業，我都聽不懂」，還有「治療師超厲害，我都交給他去教」最常見。

其實這樣的描述也反應家長們常見的困擾，包括專家很難遇、專家的話太專業與專家的活動我做不了。這件事說起來真不容易，好難解，就像養成一位符合資格的語言治療師，至少需要歷經四年的理論與實務的扎實訓練，還都要順利通過，才有資格參加國家考試。

或許，家長永遠無法像專業人員一樣專業，但是，在孩子成長的歲月裡、在那些過往成功的療育範例中，家長就是那位key person，家長就是孩子可不可以飛快進步的關鍵因子。

如果要幫助孩子進步，不該等到專業人員出現，才開始解決孩子的語言與溝通問題，也不該鼓吹父母只把孩子交給專業教，更不該認為，只有做與治療室裡一樣的活動，或是買治療室裡一樣的教材，才能做出最有效的訓練。我們反倒是要想辦法，讓父母成為孩子最棒的老師。

我想《升級孩子的語言力》就像那本初步指引方向的工具書一樣，它提供讀者簡易對照孩子問題癥狀的方法，而能對孩子呈現的問題進行初步判斷；它用淺顯易懂的方式，為讀者搭建語言與溝通相關專業背景知識，拉近讀者與專業間的距離；最後，它跳出紙上談兵，為讀者提供那些容易在生活中施行的訓練策略與活動。

透過這本書，望讀者們皆成為能覺察、能理解、能引導孩子們的老師。

推薦文

有系統的認識語言發展

陳妍伶（OT莉莉）（職能治療師）

在臨床工作的時候，我仰賴大量的溝通進行個案評估與治療，同時，在臨床實習的教學上、平時的講座與課程當中，我也依靠語言作為傳播知識的媒介。在這個運用語言的過程當中，我深刻的了解，要能夠靈活使用語言這個能力，需要大量的練習與協助。

而這本由資深職能治療師光光老師與語言治療師美希老師共同撰寫的《升級孩子的語言力》，更是融合了職能治療與語言治療的角度，深入淺出的將孩子的語言發展里程分成四大階段，各階段篇名即揭櫫了該年齡層語言發展的重點。裡面的章節再羅列了十個該年齡層常見的問題，每個章節使用淺顯易懂的文字說明這些問題的成因，並且每一章節都會附上三個很實用可行的練習遊戲，提供讀者帶領孩子做練習。

整本書的編排，以光光老師很擅長站在家長角度、有溫度且有條理的說明，並融入兩位老師臨床寶貴的經驗，讓人可以很快理解，非常推薦給在學校、幼兒園等第一線接觸孩童及學生的老師、幼保員、保母等工作人員，也很推薦給爸爸媽媽們閱讀。畢竟現在網路資訊雖然多，但是要能夠有系統的說明這整個語言發展脈絡的話，還是推薦以這本書為基礎，才不至於在雜沓的資訊中迷失了。

推薦文

讓孩子在語言成長的路上更順利

陳瑜（鏞鏞甫甫親子部落格）

從事英語教學十餘年間，接觸不少語言學習有障礙的孩子。這些孩子除了在表達方面有困難之外，對於情緒的處理也略顯不足，可見「語言」是孩子各方面發展的重要關鍵。

以前老一輩總會說大雞晚啼，但以現代醫學角度來看，若是家長能及早發現，並運用實用技巧來幫助孩子的語言發展，對孩子的成長絕對有相當助益。

事實上有些語言發展較慢的孩子，經評估後甚至還有高於一般人的智商，只要家長能夠正視這個情況，並願意幫助孩子跨過這道障礙，善用光光老師和美希老師的方式，先理解問題根源，再一步步運用有趣的親子活動解決孩子語言的疑難雜症，就能讓孩子在成長路上的語言力、情緒力、發展力越來越順利！

推薦文

透過聽語，分享生命的美好

黃國祐（中山醫學大學語言治療與聽力學系副教授兼系主任）

二十年前，和初次見面的朋友說我在語聽系教書，十之八九會問語言治療在做什麼？或者語帶懷疑的說：「語言需要治療嗎？」如今，同樣的場景，對話變成：「語言治療不錯喔！現在很夯。」

很夯有兩個意義，一是大眾逐漸了解語言治療，也認為治療師是個不錯的助人工作；另一個更重要的意義是，越來越多遲緩兒家長和照顧者認知到早期療育的必要，願意帶著孩子跨出門檻積極尋求臨床專業協助，而這也意味著臺灣社會的生存目標，或許已從滿足衣食，進階為尊重每個生命的價值。人們逐漸體認，醫療不僅止於治病，醫事人員也不單只有醫師和護理師。為實現大家對生命價值和生活品質的想望，現代醫療分工越來越專，心理治療、語言治療、聽力、物理治療、職能治療、視光，甚或醫學影像等醫療科技部門即是透過各專業面向的跨科合作，全面建構從幼至老涵蓋全齡的健康照護網，共同為促進生活功能與提升生命尊嚴而齊心努力。本書作者笙光老師和美希老師，一位是職能治療師，一位是語言治療師，兩人的合作正是跨科攜手的具體展現。

中山醫大語聽系是國內第一所培養語言治療師和聽力師的大學科系，歷經近三十年的開枝散葉，已有上千位具證照的畢業系友分布全臺，一起為語言治療及聽力復健奉獻心力。美希治療師是本系早期優秀的畢業生，從學生至今耕耘在語言治療領域轉眼近二十年，難能可貴的是，在繁忙工作之餘，竟還有心力將多年累積的實務經驗與治療心得整理成冊，不吝藏私的分享給大家，讓人感佩其不負初衷專注於此領域的浩瀚熱情。

本書透過直白如口說般的文字，分述語言發展期程的各階段任務，以及常遇到的語言卡關情境，讀來生動活潑，宛若有無數個活蹦亂跳的孩童躍出紙面，家有學語兒的父母應該很有畫面。不同於教科書，本書不強調理論研討也不是研究報告，而是落實學理於可模擬的實務操作，誠摯告訴讀者面臨相仿的情境，有經驗的治療師會建議該怎麼做，是寓治療於生活的有用工具書，不僅可提供在學的學弟妹們實務範例及可行的介入模式，更值得家有學語兒的父母及早療相關工作者酌予應用參考。

語言是融入人群的工具也是人類文明展現的介面，良好溝通除了具備同理心外，聽說讀寫的語言展現更是不可或缺的重要關鍵。在極度少子化的臺灣今日，家有兒童可說是上天給予難得的幸福，然而孩子發展良窳總會牽乎父母的喜怒，為人父母總期待別輸在起跑，也往往擔心孩子成長時遇挫跌倒。如若發現孩子發展些許受阻，別忘了生活周遭有許多專業機構與人士可提供適時的協助。

雖說父母的陪伴照護是孩子最重要的培力來源，但是家長也千萬別忘了自己的身心健康和適度喘息與孩子的成長同樣重要。

臺灣聽語治療的發展還是個新興領域，需要更多資源和人才投入參與。我們面對的從來不是病而是人，期待人們都能透過「聽」和「語」，維繫人際間的良善情誼，分享彼此生命歷程的美好。

推薦文

親子關係中，重要的一件事

詹宇夫妻（正向教養Youtuber）

在還沒學習蒙特梭利教育以前，我們都天真的認為，學習語言是一件船到橋頭自然直的事情。孩子每天跟在父母身邊，自然而然就學會了。然而，我們發現隨著科技的進步，周邊出現了許多育兒物品，像是CD、故事APP、點讀筆等等，這些看似在幫助孩子、幫助父母的產品，都讓我們忽略學習語言最重要的一件事，就是父母直接的互動與教導。而有些產品，甚至用不好還有可能阻礙孩子的語言發展。

《升級孩子的語言力》這本書完全打中我們的心，非常詳細的將學習語言的階段區分開來，也把這個時期該如何引導孩子學習語言的重點整理出來。更重要的是，每個時期的孩子可能都會遇到不同的困難。身為父母，我們可以更了解孩子及如何去協助他們。

如同書中所說的，語言它不只是說話，它是一項工具，能精準的表達我們的感受、想法；而要做到精準的表達，也需要不斷的練習、學習。

父母能透過語言和孩子好好說話、好好表達我們的關愛，孩子一樣也可以透過語言，回應我們。對我而言，這就是親子關係中，最為重要的一件事。

推薦文

我，就是缺少「語言力」的受害者！

賴秋江（高雄市新上國小教師）

我，是一位老師，也經常各處演講分享，很難想像曾經的我是一位連自己的姓都說不清楚的人吧！

看著本書中提到「語言」包含了許多祕密，更會影響表達、社交、情緒及學業，實在感觸良多。想起自己小時候說話被鄰居笑、想著自己ㄌㄖ搞不清楚、再想到連說自己姓「賴」都畏畏縮縮……恍然大悟！原來，這一切的根本就是「語言力」。

本書作者提供四個兒童發展階段常遇到的語言情境及四十個語言發展卡關狀態，很多都是當媽的我在孩子小時候超想問的問題：「孩子一直吃奶嘴會影響發音嗎？」「寶貝是大隻雞慢啼？」「孩子老是答非所問」「為什麼聽寫那麼難？」……茅塞頓開！原來這一切的問題都是「語言力」。

慶幸二位專家聯手，從發現卡關問題、對號入座解決、遊戲訓練強化到按表檢測改善，讓每一位大人都能聆聽孩子的問題，醍醐灌頂！發現這一切的解方全是「語言力」。

我，現在語言尚可，生活安好，但如果時光能倒流，我真心期盼我周圍的大人們可以看看此書，並藉由書中的各種遊戲策略，助我改善並壯大這從聽到讀都環環相扣的「語・言・力」！

推薦文

全語言發展，奠定孩子能力的基礎

謝玉蓮（臨床心理師）

臨床工作中，家長帶孩子前來評估的主訴中有百分之八十是因為孩子語言表達不佳（例如：構音不佳、語句短或是少詞彙），但往往臨床心理師進行發展評估後，會發現語言表達僅是冰山一角。例如有些有自閉特質孩子眼神接觸低，其社會性能力不佳，無法觀察他人反應，當然無法模仿、理解詞彙意義，也因為沉浸自己的局限興趣中，當然更無法與他人進行一來一往的語言交換聊天行為；有些早產孩子口腔肌肉張力低而多給予流質食物，家長擔心孩子哭鬧影響呼吸而快速滿足需求，造成孩子口腔功能不佳，只需用手勢即可溝通，甚至造成挫折忍受度低，容易發脾氣的自我中心思考。

以上兩個例子，也正在說明著語言發展與認知、動作、社會人際密不可分的關係。只是家長會如此擔心語言發展，主要是因為語言能力又是預測兒童智力、學習能力的早期重要因子。

欣喜這本書的上市，讓家長們能理解全語言發展的重要性，更能依年齡拆解重要語言發展議題，讓家長們能依循實例解說方式來促進孩子整體發展，將發展心理學概念也融入在每天的生活中，並藉由有趣的活動促進親子間的連結與美好關係。在此推薦給您。

推薦文

語言比我們想像的還重要

蠟筆哥哥（兒童遊戲與繪本設計師）

在我的親子生活中，我一逮到機會就會刻意帶孩子練習怎麼把話說好，當孩子沒說清楚，我就希望他重講一次。和多數人一樣，我認為語言力極為重要，也認為加強語言力的不二法門就是「多說」。

然而在我看了這本《升級孩子的語言力》後，顛覆了我的刻板印象，原來有時孩子話沒說好，是因為漏聽指令或沒聽清楚，不一定都歸罪是「說的能力」的問題。作者特別以神經生理學的角度來說明「聽」和「說」是分屬不同腦區的任務，因此也要「一起」培養，不能特別偏重於訓練哪一邊，才能讓語言力有全方位的發展。當我繼續翻閱，則越發現自己在面對孩子學習語言的過程中有許多誤會和引導上的不足。

感謝光光老師和美希老師不藏私的分享，首先讓我們理解孩子在每個階段需要具備哪些語言能力，但不是說完就「落跑」了。老師們還用他們多年成功引導孩子的經驗，設計給我們協助孩子練習的活動，讓力不從心的家長或老師能按著合適的方法來陪伴孩子成長，進而認識他們的獨特。

這本書你會越看越發現，語言竟然比我們想的還要重要，它不只關乎如何表達得好、如何學習，還影響到社交關係與情緒表達。讓我們一起翻開這本書，一起享受語言成長之路。

作者序1

不要忽略了語言發展的全面性

光光老師

這兩、三年來，我們發現一個趨勢：有些爸媽帶孩子來評估專注力，但在細心檢查之後，卻找不到任何問題。然而進一步尋找，才發現孩子的問題其實出現在「語言」方面，真是出乎意料。

仔細想想，這些孩子真的很容易被誤會，因為他們超會說話，甚至整天說不停，但為何就是容易漏聽指令或有聽沒有到，還讓大人認為他們很不專心呢？與其說是因為孩子的個性，我更習慣使用神經生理學的角度來看待孩子的行為。

從神經生理學來看，我們的語言區在左半側的大腦，然而，語言區又可依功能分為「表達性語言」與「接受性語言」兩個完全不同的腦區。即使孩子很能說，並不代表孩子聽得懂，因為它們是彼此獨立的系統。由於我們並不熟悉大腦的這個特質，常常讓孩子練習「說」，卻忘記讓他們練習「聽」，結果造成孩子越會說，越容易被別人誤解，甚至受到處罰，等於是挖洞給孩子跳。

「語言」的重點不只是在孩子會不會說話、說得清不清晰，也不是只要長大就會自然發展完成，而是需要在生活中培養與練習。「語言」包含了許多祕密，不只影響表達、社交與情緒，對學業也非常重要，特別是一〇八課綱特別強調閱讀素養，在孩子小時候幫他們打好語言基礎，是非常重要的一件事。

這也是我與美希老師一同撰寫這本書的原因，我們希望可以讓爸媽與老師們更加了解孩子，並且協助孩子在語言發展這條路上越走越順。

我與美希老師合作超過十年以上，她是經歷豐富的語言治療師，也協助過非常多孩子，其中包括改善我家大女兒的構音問題，真的非常感謝。也希望我們合作的這本書，可以讓師長們在陪伴孩子的過程中，不要忽略了「語言發展」的全面性。

作者序2

語言，不僅僅是說話那麼簡單

美希老師

自踏入語言治療領域至今已十多年，一開始遇到的，不外乎是有構音問題、兩三歲了還沒開口說話，或是什麼都聽不懂這類狀況很明顯的學齡前孩子。但是，漸漸的，我也發現學齡孩童有語言問題的比例變高了，甚至很多家長誤以為自己的孩子是注意力或情緒方面的問題。

當我帶著爸媽一起回過頭檢視這些學齡孩童的成長過程，就會發現在孩子小的時候，早已出現語言問題的徵兆，只是他們表現出來的行為太難讓人連結到是語言問題卡住了，反而讓爸媽或老師認為孩子是不專心或脾氣差。

即使等到孩子長大，爸媽帶他們來尋求協助，而我也花了大量的時間與爸媽溝通，但是許多家長仍然很難理解孩子的不聽話，其實是因為聽不懂；孩子總是

除此之外，當孩子上學後，「指令理解」就是另一個很重要的學習能力了。現在生活中因為充斥3C產品，孩子都習慣用眼睛看而沒有用耳朵聽，學校老師說的話，常常只聽進去一半。這種狀況下，只要幫助孩子增加聽覺記憶廣度，讓他們記得的句子長一點，就可以初步解決這個狀況囉！

在學校這個小型社會中，另一件重要的事就是人際關係。當孩子無法好好組織並表達出自己的想法，無法適切回應朋友的問題，衝突就會隨之而來。要幫助孩子擁有良好人際關係，不是讓他們不吵架、不生氣，而是要先幫孩子練習因果概念、順序性及文法能力，當這些能力培養起來，表達的組織性自然會變好，衝突就會減少了。

語言對孩子來說非常重要，但是，近幾年因為新冠疫情的關係，人人都戴著口罩，影響了孩子學習語言的成效。

當我們透過口罩說話，聽在孩子的耳中，有些聲音變得好相似，讓他們無法明確了解語句；想要透過表情來猜測意思，卻又被口罩遮住什麼都看不到，導致孩子需要花費更多時間處理接收到的訊息；在與人溝通時，也因為看不到表情容易造成誤會。

在這樣的背景之下，我們創作的這本書根據孩子年齡分成四個階段，並且將每階段可能碰到的問題詳細說明，希望讓爸媽了解每個階段的孩子需要具備哪些語言能力。大家也可以跟著每篇文章的「語言治療師帶你這樣玩」一起陪孩子練習與活動，促進孩子的語言發展；更期待能因此降低疫情及環境改變對孩子語言力所造成的影響。

目錄

第2部

語言發展篇（1.5～3歲）

第3部 語言流暢篇（3～5歲） 150

第4部 語言成熟篇（5歲以上） 212

第1部

語言啟蒙篇

1～1.5歲

語言，從口腔發展開始

在我們的工作中常常會看到一種情況：有些小小孩說話很大聲，卻怎麼都說不清楚，而爸媽在一旁往往猜得滿頭大汗，最後孩子又哭又鬧，爸媽也跟著一起崩潰。再多觀察一下，可能會發現這些孩子有一個共通點，那就是他們的臉看起來都肉肉的，嘴巴微張很可愛，仔細看還發現有些孩子嘴角流著口水。絕大多數的人或許覺得這不構成什麼問題，但這些孩子的口腔肌肉力量不夠，會導致說話不清楚。而之所以會造成口腔肌肉力量不夠，可以回溯到他們出生後的口腔發展及飲食習慣。

除了孩子的口腔發展及飲食習慣要注意之外，孩子與爸媽之間的「共同注意力」也會影響孩子未來的語言發展。如果孩子對於爸媽的呼喊或互動都沒有什麼反應，那麼要讓孩子學會說話，當然就相對困難。因為語言畢竟是用來與人互動的工具。

在孩子會開口說話讓爸媽開心之餘，爸媽也開始出現其他煩惱：到底要用什麼樣的方式跟孩子說話才好？是要當作孩子都聽得懂，說得很長很長，還是用可愛的疊字詞說話呢？要不要一開始就讓孩子學英文，贏在起跑點上？家裡如果都改聽英文兒歌、聽英文故事，會不會讓他們學得快一點？

我們將在這部提到孩子的口腔發展，以及進入副食品階段可能遇到的問題及解決方法，還有孩子的挑食問題等等。當然，也會告訴大家：是否可以使用兒語與孩子說話？以及多語是否適合孩子？希望讓爸媽更加了解一歲半前的語言發展狀況！

01 口水流不停會影響說話嗎？

八個月大的小饅頭最近臉上突然多了很多紅疹，讓爸媽非常焦慮。醫生說不用擔心，這是「口水疹」，有可能是因為口水多加上天氣熱造成的。饅頭媽非常自責，心裡想著，難道是因為小饅頭四個月大沒有做「收涎」儀式嗎？到底寶寶的口水太多，會不會影響他的說話能力？

流口水與語言發展的關係

小嬰兒基本上都是「口水怪」，會不停流口水，所以家長常會在寶寶的脖子上圍一條口水巾或圍巾。特別是有些小寶貝的皮膚比較脆弱，容易引起紅腫或發疹，建議家長在這個階段要勤換口水巾。

「收涎」其實是傳統習俗中「收口水」的儀式。在寶貝滿四個月大時，長輩們會準備一串很硬的餅乾做成項鍊，掛在小寶寶的脖子上，讓小寶寶可以自己拿起來咬，藉此期望小寶貝不會一直流口水。以科學角度來說其實滿有道理的。

我們在啃咬東西時，會刺激唾液腺分泌大量口水，但是如果給寶貝咬不太動的硬餅邊啃邊吸，口水就會被吞進肚子而不會流出來。比起咬一些沒味道的固齒器，收涎餅乾更容易誘發寶寶做出吸的動作，看起來比較不會流口水。

再來，為何是在四個月大的時候呢？這也符合口腔結構的生理發展階段。新生兒的舌頭在口腔中占據了約八〇％的空間，換句話說，口腔中幾乎沒什麼空隙可以「容納」口水。隨著寶貝成長到四個月大，不只是體重增加、身高變長，就連臉形也開始改變。這時寶貝的口腔空間前後拉長，但是舌頭大小沒有什麼變化，因為舌頭在口腔中占的位置變少，多出一大堆可以累積口水的空間，就讓人感覺好像流口水的量變多了。

不過爸媽真的不用擔心，小寶貝的成長不會因為少了這個儀式就出問題。這些習俗比較像是一個提醒，要我們注意寶寶生理發展的細節，讓寶貝能平平安安的長大。

提升臉頰肌肉力量

寶寶或多或少都會流口水，但是如果到了一歲半，口水還是流個不停，那就要多加注意了。這種狀況通常是因為臉頰肌肉太鬆弛，導致臉頰肌肉和牙齦之間的空腔太大。這空腔其實就像是松鼠不停將食物往嘴裡塞到鼓鼓的那個位置。

怎麼樣讓寶寶那源源不絕的口水不再像瀑布一樣流下來呢？只要幫寶貝把臉頰肌肉力量鍛鍊起來就可以了，否則等到之後開始說話，寶貝會覺得臉頰很無力而不愛說，間接影響到語言表達。此外，臉頰肌肉力量足夠，也能讓寶貝未來的語言清晰度更好喔！

一起來幫孩子提升臉頰肌肉力量吧！練習的方式超簡單，只要會做「小鳥嘴」就可以了。先帶著寶寶閉緊嘴唇，用力吸一下，將嘴巴嘟起變成小鳥嘴形。多帶孩子這樣玩，還可以讓他們學會如何控制嘴巴裡的口水。當看到孩子嘴巴裡的口水變多，不用責備孩子，也不用幫他擦，只要做出「小鳥嘴」給他看，他就會跟著模仿，「吸一下」就會把口水吞下去了。

語言治療師帶你這樣玩

當寶寶不停流口水，先別緊張，只要孩子吃東西沒問題，問題就不大。我們也可以透過幾個小活動來幫助孩子發展得更快更好。

玩法一：口腔按摩（六個月以上）

讓寶貝躺在床上，先和他玩一下，吸引他的注意力，然後用兩隻手指的指腹放在寶貝的臉頰上，輕柔的用手指畫小圓圈幫他按摩，從耳垂下方按到寶貝的下巴，反覆十次，有點像大人洗臉的動作。透過按摩將寶寶卡在臉頰空腔中的「口水」擠出來，幫寶寶戒掉含口水的習慣。一開始寶貝可能會有點抗拒，不用強迫他，多花幾次練習就可以了。

玩法二：啃啃餅乾（六個月以上）

磨牙餅乾、米餅等固體食物都可以，但是記住不要有鹽分，因為小寶寶的腎臟功能還不夠成熟，這點一定要注意。透過「啃」這個動作讓寶貝練習咀嚼肌力，也能讓寶貝透過自己「拿」餅乾來練習手部抓握能力。如果寶貝在一歲後依然是以奶、粥等這類軟質食物為主食，很容易因為咀嚼經驗不足導致臉頰肌肉力量不夠。

玩法三：鴨嘴杯（十個月以上）

「鴨嘴杯」可以幫助小寶貝自己學喝水，而用鴨嘴杯喝水時，寶寶需要「嘟起嘴巴」，這個動作會讓嘴唇旁的口輪匝肌收縮，才能將嘴巴與杯緣密合起來。這時寶貝的臉頰還需要同時用力做出「吸」的動作，才喝得到杯子裡的水。透過這樣的動作，可以訓練寶貝吞口水的協調度，當嘴巴裡口水太多，很自然會吸一吸吞下去，就不會流口水了。

在生活中加一點小遊戲，就能幫助孩子的發展往前一步。如果寶貝在一歲半之後還是會一直流口水，將會影響到未來說話的清晰度，建議還是要尋求語言治療師的評估與協助喔。

02 挑食不吃東西會影響語言發展？

每到小妤的吃飯時間，爸爸媽媽就覺得像在打仗一樣。她喜歡的食物會一口氣吃一堆，不愛的真的是一口不進，寧願只喝奶。爸媽明明知道挑食會讓她營養不均衡，又不能強迫她吃，不知道這樣下去會不會影響到語言發展？

從副食品開始培養口腔肌肉力量

寶寶通常在四到六個月大開始嘗試副食品，這也表示他們這時期開始學習運用牙齒和舌頭嘗試不同的食物。

進入副食品階段後，還可再細分四個階段。第一階段是吞嚥期，副食品的食材呈現泥糊狀；第二階段是壓碎期，食材呈現碎粒狀，大約是孩子可以使用舌頭壓碎食物的硬度；第三階段是初階咀嚼期，食材成小塊狀，大約是孩子可以練習使用門牙將食材咬斷的階段；第四階段是進階咀嚼期，大約一歲到一歲半，食材多切成片狀，孩子可以練習用手拿食物，並用門牙將食物咬斷。

如果在副食品階段孩子嘗試新味道的機會較少，長大後比較容易挑食，而且之後要讓他接受新口味也需要花較長時間。另外，如果孩子在嘗試副食品後沒有循序漸進改變質地與口感，咀嚼能力與口腔肌肉力量也無法順利養成，未來也可能影響孩子說話的清晰度喔！

曾聽過有的孩子到一歲半仍以喝奶為主，對其他食物興趣缺缺，這應該也讓爸媽傷透腦筋吧。想讓孩子慢慢愛上吃飯，我們可以試著在不同階段以不同方式多多鼓勵孩子嘗試。

四個階段的副食品關鍵

爸媽都擔心孩子挑食，卻又怕太過要求會讓孩子不愛吃東西。想要讓孩子不挑食，最重要的是營造出愉快的用餐環境，讓孩子在餐桌上感到快樂，就是關鍵的第一步。

在吞嚥期階段，爸媽可以先用湯匙餵孩子喝水、牛奶等液體食物，當孩子習慣這樣的進食方式後，再從白粥開始，接著嘗試水果泥或蔬菜泥。這時期要注意的是，食物的味道越單純越好，讓孩子慢慢習慣與母乳、配方乳不同的味道。孩子吃不多也不用勉強，每天一點一點的嘗試就好。

當孩子進入第二階段壓碎期，爸媽可以開始嘗試給予不同口味、口感的食物。這時孩子開始學習用舌頭和上顎將食物壓碎後再吞嚥，可以在食物泥或粥裡加入其他食材如碎魚肉、碎雞肉等等。如果孩子這時將食物吐出來，就要注意是否添加的食材太大塊或太多。如果將食材切得更細碎，孩子仍然吐出來，就酌量減少，讓孩子慢慢習慣並練習舌頭與口腔的動作。

在第三階段初階咀嚼期，孩子學著用門牙將食物咬斷，同時也用牙齦壓碎食物。這時可逐步加入食物丁、小碎塊食物讓孩子嘗試。這時孩子會想自己抓東西吃，甚至會玩食物。他們其實是要藉由這樣的行為，練習分辨食物的口感，請爸媽不用緊張或擔心。建議爸媽們可以多準備一些讓孩子能自己抓著吃的小點心（finger food）。孩子如果對這類型食物興趣不高或排斥，可以試著改變口味、口感及食物的大小，讓孩子順利度過這個階段，不需要退回上一階段喔！

在第四階段的進階咀嚼期，孩子的咀嚼能力越來越好，食物類型和口味也可以慢慢和爸媽吃的一樣了。這時請爸媽繼續介紹各種多樣化食物讓孩子充分體驗。藉由進食的過程，可以促進口腔肌肉動作發展，並增加口腔肌肉的力量，對於提升未來說話的能力很有幫助。

藉由四個時期的逐步發展，孩子在接受新食物的口感與口味上就有更多經驗，也能讓孩子不容易對味道有排斥感或過度敏感。

語言治療師帶你這樣玩

在各個階段給孩子不同副食品時，可以搭配以下的進食小妙招，幫助孩子逐步訓練口腔力量。

玩法一：湯匙深一點

隨著寶貝長大，可以換深一點的湯匙。一來可以挖比較多食物，二來能讓孩子練習「抿唇」的動作。可以準備蔬菜泥或無糖優格，將湯匙放在孩子的下唇，讓他們練習上唇往下閉合的抿唇動作。爸媽將湯匙平平的放在寶貝的下唇就可以囉，不用將湯匙往上抽出，這樣可以讓孩子多練習唇部動作，幫助未來唇齒音的發音。這也是孩子是否會先叫「ㄅㄚㄅㄚ」的關鍵。

玩法二：啃啃蔬菜棒

孩子如果吃軟不吃硬，可能是咀嚼能力不夠好。爸媽可以準備一些有點硬度的小點心，例如條狀胡蘿蔔或小黃瓜，讓孩子自己拿在手上啃。透過這個方式增加孩子咀嚼的能力，也讓他們練習到舌頭動作，提升舌頭控制能力及靈活度。

玩法三：貓咪吃東西

孩子會挑食有可能是對食物不熟悉，或是口腔肌肉力量不夠。爸媽在家可以試著和孩子「玩」一下食物，藉由遊戲增加對食物的接受度。例如可以把果醬或小片海苔塗抹或放在唇部四周，讓孩子練習伸出舌頭將果醬或海苔舔進嘴裡，提升舌頭靈活度。

前述的副食品訓練有一點要特別注意，因為我們天生都喜歡吃甜的東西，比較甜的副食品記得晚一點再給孩子嘗試，不然孩子這麼聰明，以後會只挑有甜味的來吃，變得更挑食就不妙了！

03 一直吃奶嘴會影響發音嗎？

亮亮是個一歲多的小男孩，平常都很乖巧配合，但是只要奶嘴不見了，就會倒地大哭，把媽媽弄得很煩躁！到底奶嘴對孩子有什麼意義呢？該不該幫孩子戒掉奶嘴呢？

吃奶嘴太久對語言發展有影響

從出生到兩歲，是人格發展中的第一階段，也就是口腔期。這時期的孩子常常將東西放到嘴裡咬，藉由口腔的動作及刺激獲得滿足及安撫。大約在孩子二到四個月的時候，家長可以觀察到孩子有吃手或將紗布巾放嘴巴的現象。

為了滿足孩子口腔期的需求，通常會建議在孩子出生一個月有親餵或瓶餵的習慣之後，再讓孩子使用奶嘴。因為親餵或瓶餵的吸吮機制與吃奶嘴的吸吮機制有些不同，比較敏感的孩子是可以感受到差異的。如果過早讓孩子使用奶嘴，有可能會減少孩子進食的次數，影響營養吸收及生長。

雖然吃奶嘴能讓嬰幼兒感到平靜，並滿足他們的口腔期需求，但是一直讓孩子吃奶嘴也會有不好的影響，以下幾種狀況可能會發生：

一、**中耳炎**：機率是其他孩子的三倍。當孩子長期吃奶嘴，平時應該關閉著的耳咽管會不正常的打開，導致分泌物中的細菌進入中耳，引發中耳炎。

二、**影響語言發展**：因孩子吃奶嘴會影響到他發聲的意願及舌頭的靈活度，導致玩聲音（babbling）及模仿聲音的能力較其他孩子差。

三、**齒列不正**：如果在兩歲後還持續吃奶嘴，容易影響前排牙齒的生長，暴牙的可能比較高，會導致不正確的咬合動作。

四、**影響說話清晰度**。

因此，建議在兩歲以前，幫孩子戒掉吃奶嘴的習慣比較好喔！

戒奶嘴的關鍵時刻

雖然爸媽都知道要讓孩子戒掉奶嘴，可是該怎麼幫助孩子，又不會讓他們產生太多負向情緒呢？其實，只要注意戒奶嘴的時間點和使用適合的方法，就可以減少孩子戒奶嘴時的情緒。

第一個最容易戒奶嘴的時間點，大約在孩子六、七個月大的時候。六個月大之後，使用奶嘴對孩子來說比較是「習慣」，對發展的助益沒那麼大。同時，孩子已經進入副食品階段，在練習戒奶嘴的過程中，如果孩子想吃奶嘴，就可以改成給一些小點心如米餅、吐司條、切片香蕉等替代，滿足孩子的口腔期需求。

第二個時間點是在孩子一歲左右。這時孩子會大量的玩聲音，模仿他人的聲音，甚至開始出現第一個有意義的字詞。研究顯示，孩子如果一天中吃奶嘴的時間太長，會讓他們玩聲音及模仿聲音的頻率少於其他孩子，有可能影響未來的語言發展。建議爸媽能在一歲左右幫孩子戒除奶嘴。當孩子想要吃奶嘴時，可以試著給他們固齒器或水杯來替代看看。

第三個時間點是兩歲前。如果兩歲後還是沒能讓孩子戒掉奶嘴，之後可能會有暴牙、齒列不正等問題，甚至影響舌頭靈活度和說話清晰度。這時孩子已經聽得懂比較多話，也比較能溝通，爸媽可以告訴孩子他們已經長大，是大孩子了，奶嘴是給小嬰兒使用的，現在應該跟奶嘴說掰掰了。不過，這個時間點戒奶嘴也需要花比較多時間，爸媽需要有多一點耐心。

在這個時期，爸媽也可以試著在出遊時「假裝忘記」準備孩子的奶嘴，當孩子尋找奶嘴時，用他們喜愛的玩具轉移注意力，這樣也滿容易成功的。

語言治療師帶你這樣玩

在戒奶嘴的過程中，可以陪著孩子做些準備活動，幫孩子戒除奶嘴或許沒那麼困難喔！

玩法一：安撫娃娃

準備戒奶嘴時，可以先幫孩子準備好替代的安撫娃娃。一般來說，絨毛娃娃是還不錯的選擇，毛絨絨的觸感可以讓孩子感到平靜，晚上睡覺時也能放在身邊增加安全感。爸媽可以帶孩子挑選喜歡的娃娃，接著告訴孩子說他已經長大了，之後換娃娃陪著他，與孩子交換奶嘴試試。

玩法二：戒奶嘴派對

就像孩子生日會有慶生活動，戒奶嘴也可以有一個告別派對，宣告正式與奶嘴說掰掰。爸媽和孩子一起決定派對的日期，並讓孩子去挑選派對的食物、告別氣球或裝飾等等，同時，也可以讓孩子購買一個新玩具來替代奶嘴。藉由這樣的過程，讓孩子準備好與奶嘴說再見。

玩法三：寶物箱

爸媽與孩子一同準備一個收納奶嘴的箱子，並由爸媽保管，當孩子想念奶嘴時，可以和爸媽一起打開寶物箱。如果孩子想吃奶嘴，明確告知他：「數到十，奶嘴就要回去休息了。」剛開始，爸媽的十秒可以數得慢一點，之後當孩子漸漸習慣不吃奶嘴，數秒就可以加快速度。隨著孩子找奶嘴的次數減少，就可以成功戒除了！

戒除習慣不是件容易的事，試著掌握適當的時間點，一步步讓孩子忘記奶嘴的存在。不用硬碰硬的讓孩子傷心、爸媽崩潰，孩子也能跟奶嘴說掰掰。

04

抓到什麼都放嘴巴，和說話有關？

維維是五個月大的小男孩，最近總是抓到什麼就放進嘴裡吃，不論是媽媽的頭髮或手搖鈴，都可以吃得津津有味。這讓爸媽非常困擾，實在很怕他把細菌吃進肚子裡。是因為維維進入口腔期了嗎？口腔期不滿足會影響說話嗎？

口腔期發展三階段

爸媽不用太緊張，維維當然不是沒吃飽。孩子會將抓到的東西都放進嘴巴裡，是因為他們正處於口腔期。口腔期對孩子的發展來說非常重要，可分為三個階段。

第一階段是出生後到三個月大。這時期最重要的是尋乳反射，也就是當爸媽將手指或東西放到孩子的嘴邊，他們會抓住並做出吸吮的動作。孩子出生後，營養不再是由媽媽直接提供，而是需要自我練習由口進食，因此在嘴邊的東西都會被拿來吃吃看，這是很基本的生存反應。

第二階段是三個月到六個月大。孩子的動作變靈活，可以自己抓握身邊的玩具，也因為不太會分辨哪些能吃、哪些不能吃，無論抓到什麼就放進嘴裡。這個時期孩子的舌頭動作也越來越靈活，自己會開始玩聲音，此時爸媽與孩子的互動越來越多，能讓孩子了解到聲音是有意義的，有助於未來語言與溝通的發展。

第三階段是六個月到一歲前。這時孩子的咀嚼能力變好，嘗試更多種食物，舌頭動作和口腔肌肉力量也發展得更好，可以發出更多種聲音，更接近說話。大約一歲左右，孩子會說出第一個有意義的字；一歲之後，慢慢脫離口腔期，減少隨意將拿到的東西放進嘴裡的狀況。

口腔期是讓孩子準備好之後要開口說話的能力。想想看，說話時我們需要用到哪些部位呢？一定是嘴巴吧！嘴巴又可以分為唇、齒、舌頭等等。那唇、舌的動作和力量要怎麼訓練？其實從吃東西就可以練習了，隨著口腔期不同的發展階段，孩子就逐漸具備該有的力量和動作經驗。

因此，當看到孩子將東西放到嘴裡，請爸媽在以安全為前提考量下，讓孩子逐步嘗試，不要一味的制止，這樣孩子才有機會練習到說話時要用的肌肉喔！

把東西放嘴巴是天性

我們知道口腔期對孩子未來說話有其重要性，但是要爸媽眼睜睜看著那些不屬於「食物」的物品放進口裡，不免還是會擔心。或許爸媽可以幫孩子準備安全又乾淨的物品讓孩子玩玩看。

比方說，在孩子三、四個月大時，可以將安全的物品放置孩子身邊，讓他們抓到就可以啃咬，例如固齒器、奶嘴等等。記得，爸媽要多準備幾個隨時替換消毒，避免孩子找不到就隨便拿別的東西來咬。

六個月大時，孩子進入副食品的階段，就可以嘗試不同口感的食物，慢慢的就能脫離口腔期。在這階段爸媽可以準備水果丁、米餅等讓孩子方便拿到的食物，並練習自己找東西吃。

孩子把東西放嘴巴裡是天性，他們藉由這樣的過程認識世界。在口腔期階段如果沒能滿足孩子的需求，長大後較容易缺乏安全感，也比較可能出現退縮、緊張焦慮的性格！在遇到挫折或感到焦慮時，有可能會出現咬手指的行為。

語言治療師帶你這樣玩

口腔期中的不同階段，爸媽可以用不同活動滿足孩子的需求，幫助孩子為將來說話做好準備。

玩法一：咬咬樂

大約四到六個月大，可以幫孩子準備咬咬樂讓他們用喔！爸媽可以將水果放進咬咬樂，孩子藉由牙齦咀嚼，把水果磨成渣，水果汁及果肉渣會透過咬咬樂的洞口進入口中。他們會很喜歡使用咬咬樂，因為在啃咬的過程中，孩子會發現這吃起來甜甜的、有味道，會讓他們更喜歡咀嚼及吸吮，不但能滿足孩子口腔期的需求，也能提升口腔肌肉力量喔！

玩法二：會跑的食物

孩子開始嘗試手指食物後，爸媽可以多準備不同的長條狀食物，例如切成長條狀的蘋果。爸媽和孩子先一人拿一個長條狀食物，用舌頭將食物從嘴巴的左邊推到嘴巴右邊，再從右邊推回左邊，記住，孩子的口腔肌肉力量還沒有像大人一樣好，中間可以休息一下，順便讓孩子吃個幾口，孩子會玩得很開心。

玩法三：食物好好玩

孩子一歲半左右，爸媽可以請孩子一起來準備簡單的食物，例如草莓三明治。帶著孩子從洗水果開始，擦乾草莓，將草莓放在吐司上，最後再疊上一片吐司，三明治就完成了。過程中孩子可以認識不同食物，且對食物的接受度也會變高，重要的是，中間想偷吃幾口都沒問題。

孩子抓到什麼都放到嘴巴裡，是因為孩子正經歷口腔期的階段，只要在兩歲前順利脫離口腔期，爸媽就不用太過擔心。

05 孩子說話時眼神飄來飄去

一歲的小樹最喜歡去公園玩，只是每次有人要跟他打招呼，他就變得很害羞，眼睛都往旁邊飄，或乾脆低頭不看人。爸媽原本不以為意，但是連家人跟他說話也會這樣，他真的只是太害羞嗎？

眼神接觸是語言發展的基礎

對於一個剛出生的孩子來說，世界充滿了過多訊息，他們會看到許多新事物，聽到許多不同的聲音。之後，孩子開始辨認出熟悉的聲音和臉孔，慢慢認識這個世界。

當孩子從出生到說出第一個有意義的字詞，大約有一年左右的時間。這段期間孩子要怎麼與他人互動呢？在早期非語言模式的溝通中，「眼神接觸」是語言發展的基礎，也稱作「共同性注意力」。

「共同性注意力」是語言溝通的關鍵。溝通需要聽和說，更重要的是要集中注意力，不然有可能把別人說的話當作背景聲音，自然就不會做出反應。早在嬰兒三、四個月大時，爸媽抱著寶貝發出不同聲音或表情來逗弄孩子，這時彼此的眼神接觸，就是在培養孩子的共同注意力。

此外，爸媽要記得小小孩的注意力特質與成人不同，往往是發散性的，看到什麼都要注意一下，很難維持長時間的專心。所以爸媽不是想要教孩子什麼，而是先仔細觀察寶貝正注意什麼，「加入」孩子的活動才更容易與他們互動喔！

讓孩子對「人」有興趣，孩子才會喜歡說話。相反的，如果孩子連看到爸媽都沒有反應，當然就沒有「對話」的需求。如果爸媽不習慣「看著」孩子說話，孩子會認為爸媽不想與他互動及溝通，久而久之，爸媽在跟孩子說話時，他們自然不會看、也不會理會爸媽。

如果沒有眼神接觸，爸媽說再多的話，都無法促進孩子的語言及學習能力。而多與孩子有眼神接觸，就能幫助他們未來的語言發展。

培養共同注意力

那該怎麼做才能與孩子有眼神接觸呢？其實，眼神接觸的練習從孩子剛出生就可以開始了，只要用對方法，就能讓孩子好好看著爸媽、聽爸媽說話。

孩子一出生，不論親餵或瓶餵，媽媽們都可以把握這個時機點，一邊看著孩子，一邊跟他們說話。此時孩子會注視媽媽，和媽媽有良好的眼神接觸。新生兒一開始可以看得清楚的距離大約是二十到四十公分之間，也正好是媽媽抱著孩子時兩人之間的視線距離。

在與孩子玩遊戲時，爸媽也可以將玩具拿靠近自己的臉，吸引孩子與爸媽有眼神接觸，或偶爾將玩具拿走，讓孩子自然而然的追視並注意到爸媽。這時反而不一定要使用聲音或是口語來提示孩子「看著爸媽」。如果跟孩子說話時，想吸引他們的注意力，可以試試說話時將孩子的手放在爸媽的臉上，引導孩子注意爸媽。通常手被別人拉走時，視線會往手的方向看過去，這是保護自己的一種機制。對於聽話時不習慣看人的孩子，爸媽可以試試這個方法。

另外，在與孩子互動時，也可以讓孩子的位置比爸媽高一點點，例如讓孩子坐在椅子上，爸媽坐在地板上。這種角度可以讓孩子很容易注意到爸媽，並與爸媽有眼神接觸。

語言治療師帶你這樣玩

在與孩子互動的過程中，有一些小遊戲可以自然的讓孩子練習眼神接觸。

玩法一：五官點點名

牽著孩子的手，比比孩子自己的五官，再比比爸媽的五官，當孩子看著爸媽的時候，等待一下，再繼續下一個。例如：牽著孩子的手比比孩子的鼻子，再牽著他們的手碰碰爸媽的鼻子，這時，當孩子看著爸媽時，再跟孩子說「鼻子」。藉由這樣的活動，孩子會習慣注視爸媽，與爸媽之間的眼神接觸就會變多囉！

玩法二：表情變變變

要吸引孩子的注意力，照鏡子玩遊戲是一個很好的方法。準備一面鏡子，和孩子一起照鏡子做動作，讓孩子看著鏡中的爸媽，模仿出一樣的表情。在遊戲過程中，爸媽每一個動作都可以停留久一點，讓孩子多注意鏡中的爸媽。藉由這個過程，孩子會仔細觀察爸媽的臉部動作，進而注視爸媽的時間變長，可以延長孩子眼神注視的時間。

玩法三：躲貓貓

孩子在五至十個月大的時候，很喜歡和爸媽玩躲貓貓。當爸媽用手或布把自己遮住的時候，孩子會覺得很疑惑爸媽怎麼不見了。這時孩子會到處尋找。當爸媽把手或布移開，孩子再看到爸媽就會感到很開心。此時孩子注視爸媽的時間也會變長。爸媽可以和孩子多玩躲貓貓的遊戲，讓孩子增加注視爸媽的時間。

眼神接觸是孩子建立溝通互動很重要的一個關鍵，別只顧著從手機中拍下孩子可愛的模樣，讓孩子眼中有你，才是最漂亮的畫面喔！

06

一點點聲音就被吵醒或嚇到

丁丁是個超敏感的小寶貝，只要有一點點聲響就會被吵醒，每天晚上會醒來四、五次，爸媽也因此一整年沒有好好的睡一覺。白天時玩玩具常玩到一半就被旁邊的聲音吸走注意力，甚至會被窗外的喇叭聲嚇到。爸媽到底該怎麼辦呢？

幫小寶貝建立聽覺資料庫

有人說嬰兒是睡天使、醒惡魔。有些寶寶特別容易被吵醒，只要一點聲音都有可能哭鬧，因此需要特別放輕動作，深怕一點聲響就破壞他的美夢。只不過，家裡一直保持安靜是最好的嗎？

寶寶在出生後的前三個月，基本上依然處在類似媽媽肚子裡的狀態，睡眠時間比醒的時候長，對於突如其來的刺激，往往很容易受驚嚇而哭鬧。同時在這段時間，寶寶對環境中的聲音開始變敏銳，會注意大人說話的聲音，聽到聲音會安靜下來，不過這時期他們沒辦法只專注在主體聲音並忽略背景聲音，因此盡量維持環境安靜是非常重要的事。在此時期如果環境太過吵雜，寶寶沒辦法好好聽大人說話，就會影響孩子日後的學習。

等四個月之後，寶寶開始用眼睛來探索世界，聽覺與視覺也有了連結，這些聲音就被賦予了意義。

大約八個月開始，寶貝們開始學習分辨「主體聲音」與「背景聲音」的區別。這個時期，寶貝們會專注於他們想要聽的聲音上，也就是「主體聲音」，同時會抑制對「背景聲音」所產生的反應。此時，如果環境太安靜，沒有任何聲音，反而容易讓寶貝們未來對聲音與事物的理解有困難，或是在有聲音干擾下無法專心傾聽他人說話。

對小嬰兒而言，他們必須學習認識各種聲音，知道聲音從何而來並加以分類。需要注意的聲音會被大腦歸在「主體聲音」；不需要注意的，則會放到「背景聲音」。孩子若是習慣安靜的環境，大腦裡的聽覺資料庫資料過少，就很容易被聲音吸引，讓他們看起來「不專心」。想想看，如果孩子只要聽到一丁點聲音就要問老師：「那個是什麼？」這樣要如何專心上課呢？

因此，記得在寶貝八個月前，不要怕吵到孩子，反而要多帶他們去認識不同的環境聲音。

區分環境音中的主體音與背景音

生活中無時無刻不充滿聲音，根本沒有「絕對安靜」的時刻。只是我們大腦有個神奇功能，可以幫我們屏蔽掉這些不需要注意的「雜訊」。當你在看這本書時，難道旁邊都沒聲音嗎？仔細聽一下，有沒有汽車經過、空調運轉、孩子說話等聲音，如果都沒有，那至少還有你自己的呼吸聲不是嗎？

但是你剛剛有聽到這些聲音嗎？我想沒有吧。為什麼呢？因為這個「聽到」的開關，並不是由我們意識來控制的，而是一種無意識的行為。這個功能非常重要，它讓我們的大腦避免其他干擾，可以快速思考與反應。這個能力取決於大腦中從幼兒時期經驗所建立的「聽覺資料庫」的多寡。

對於從來沒有聽過的聲音，有聽力的動物第一個反應是「警戒」，看看會發生什麼事情。如果有危險，下次聽到就會張大眼睛；如果沒事，下次聽到就不用理會。例如小嬰兒第一次聽到摩托車呼嘯而過，很容易被這聲音嚇到，但是只要帶他去看看聲音「來源」，當他認識原來是這個「東西」的聲音之後，就比較不會在意了。

在不斷累積經驗後，寶貝自然而然會將各種不同聲音分類，只對於「主體聲音」做反應。不過「主體聲音」這概念很容易被誤解。

請問當你聽到開門的聲音時，你覺得這是屬於主體聲音？還是背景聲音？這其實算一個陷阱題，因為關鍵不在於開門的聲音，而是誰在開門。

相信很多媽媽有過這樣的經驗，沒有注意到先生回家開門轉鑰匙的聲音，但是小寶貝卻已經在一旁開心大叫，因為對媽媽來說，大腦將這些聲音歸類於背景，可是對小寶貝來說，爸爸一回家會先逗寶貝開心，因此爸爸的開門聲是獨一無二的，而不單單是「背景聲音」。

由此可知，判斷主體聲音或背景聲音的關鍵在於「互動」，而不是聲音的種類。請不要覺得寶貝還小，什麼都不會，而不去和他有互動，要是寶貝的大腦不小心將你的說話聲歸類成「背景聲音」，等到他長大後要叫喚他時，肯定會讓你氣瘋。

語言治療師帶你這樣玩

當孩子認識的聲音越多，就越不容易被干擾而分心，這樣可以避免孩子對聲音過度反應，例如害怕吹風機或吸塵器的聲音。爸媽可以在寶貝覺得安全的環境中，帶孩子做些聲音探索的遊戲，協助他們認識更多不同聲音。

玩法一：辨別聲音

在遊戲前，請爸媽先錄製一些生活中的聲音，例如動物叫聲、汽車聲、鑰匙聲等，同時把相對應的物品拍照做成圖卡（或找相關圖片製作）。遊戲開始時，準備一支手機播放圖卡對應的聲音，另一支手機播放輕柔的背景音，例如鋼琴聲，接著，讓孩子在聽到聲音後找到相對應的卡片。這樣就可以讓孩子練習分辨主體音和背景音。

玩法二：聽聲辨位

將錄音玩具放在房間的一角，並用東西遮著，讓孩子看不到，再利用遙控功能將音樂打開，讓孩子把玩具找出來。這樣，孩子慢慢就學會找聲音囉！這對於孩子未來找到主體音在哪裡很重要。

玩法三：認識聲音

為了增加孩子的聽覺資料庫，爸媽可以多準備不同的聲音玩具，例如小鐵琴、玩具鼓等等。與孩子一起玩樂器，認識各式各樣的聲音，不僅可以認識物品的聲音，同時避免孩子對聲音過度敏感而不專心。

為了怕吵到孩子而讓家裡變得太安靜，孩子無法練習到過濾噪音的能力，反而會導致孩子日後容易分心喔！

07 一歲後要會說多少詞彙才夠？

綺綺一歲四個月，平常跟她說要出門，她都知道要去找襪子、拿鞋子；幫她換完尿布後請她拿去丟，也都聽得懂。可是綺綺很少開口，除了媽媽、貓貓，其他都不會說。這讓媽媽有點緊張，綺綺會不會說得太少了？

觀察孩子的口語表達能力

哇！孩子快一歲了，時間過得好快，到孩子要開口說話的時候了！這時的爸媽無不卯足了勁，想辦法讓孩子先開口喊自己，當聽到孩子叫爸爸或媽媽時，真是說不出的欣慰。但如果媽媽每天說「馬麻，是馬麻，說馬麻」，孩子都只是笑得好燦爛，不開口就是不開口，真是讓人有點挫折。到底什麼時候孩子會開始說話？要說多少才足夠呢？這是許多爸媽心中的疑問。

語言能力，又分「理解」和「表達」。「理解」指的是孩子能聽懂多少，而

「表達」則是孩子說話的能力。

孩子剛出生時，都只用哭鬧來表示需求；經過三個月後，就會發出一些簡單、固定的聲音，但這只是在玩聲音的階段，沒有什麼意義。六個月大之後，寶貝會發出更多聲音，甚至是一長串同一個音，接下來會進展到發出兩個以上不同的聲音。在這個階段，孩子開始了解聲音是有意義的，也期待在發出聲音時，大人給予回應。通常到了一歲左右，孩子說出第一個有意義的語詞；一歲半，則大約能說出五十個詞彙。

一歲之後，因為回應能力變好，爸媽可以很明確知道孩子聽得懂哪些指令、認識多少物品，此時，若是孩子都只用肢體動作回應，爸媽要特別注意孩子的口語表達能力是否有發展出來喔！

觀察孩子能否適當表達

有些爸媽會開心的跟我分享，家裡的孩子很聰明，才一歲多，跟他們說什麼都聽得懂，像是「幫爸爸拿手機過來」、「去把玩具收起來」、「拿抹布擦桌子」……等等。不過，聊到孩子是否開口說話了，卻笑笑的說：「哎呀！還不會喊爸爸媽媽，應該只是還不想說吧！」一聽到這裡，其實是會對孩子產生擔心的。

爸媽可能覺得很奇怪，孩子都聽得懂指令，為什麼還要擔心呢？因為這些孩子不曾開口說話，可是爸媽卻只注意到「他們都聽得懂耶！好棒！」，這表示孩子的問題「被隱藏」了。

孩子在一歲後的想法和需求會越來越多，但是孩子聽得懂卻不常開口說，或是不會說，就只能靠爸媽猜測他的需求，若是爸媽猜錯了，孩子就只能用哭鬧的方式溝通，之後持續沒有改善，很容易從單純的表達問題演變為情緒的問題。

因此，平日爸媽可以觀察孩子的幾個反應：

一、**是否能回應常用的簡單指令：**重點是在孩子能不能使用聲音或是口語回應指令喔！另外，在給予指令時，注意孩子是否真的聽到，千萬別在孩子玩玩具時測試！

二、**是否常常發出聲音、玩聲音：**孩子從三個月之後就開始會玩聲音，如果到了一歲還很少發出聲音或是聲音種類很少，那麼爸媽就要多加注意了。

三、**是否有想要開口說話的意圖：**當孩子想要模仿大人說話，爸媽會觀察到孩子會常常注視爸媽的嘴巴，並且嘴巴會跟著爸媽動呀動的，像是要說話的樣子。如果有觀察到這個行為，表示孩子已經有動機想說話了。

孩子不是只要聽懂就好，要能開口表達，未來才能有效的與人溝通。

語言治療師帶你這樣玩

想增加孩子的表達力，不是逼著孩子說話，而是從遊戲中讓孩子發現說話很有趣，讓孩子樂意開口。

玩法一：動口不動手

爸媽先準備幾個操作型玩具，例如開關盒玩具，一人負責說話示範給孩子看，另一人負責做動作，就像機器人一樣。比方媽媽說「開開」，爸爸就把玩具打開；說「壓壓」，爸爸就壓玩具。重要的是，當爸媽示範給孩子看的時候，請記得要讓孩子看到過程，在示範三到五次後，可以停下來讓孩子試著說說看。就算說得不夠清楚也沒關係，爸媽要很快做出反應，這樣就能讓孩子越來越願意開口說話。

玩法二：點心時間

請爸媽準備兩份水果丁或小饅頭等孩子喜歡的點心，放在孩子拿不到的地方，其中一份是爸媽示範使用，一份是給孩子的。準備好之後，爸媽可以先拿一顆小饅頭讓孩子看到，並說出「啊——姆——」的音，然後吃掉小饅頭，再拿一顆出來準備給孩子。一開始可以幫孩子配音說出「啊——姆——」，大約這樣三到五次後，爸媽可以只說「啊——」，等待孩子說出「姆——」。此時因為孩子很想吃東西，開口說話的意願會高很多。要注意的是，嘗試幾次後如果孩子仍然沒開口，別跟他僵持不下，讓孩子下一次仍有嘗試的意願比較重要喔。

玩法三：音樂繪本

現在坊間有許多音樂繪本，書中有故事，旁邊有按鈕按了會發出聲音，爸媽可以準備幾本與孩子一起玩。孩子要按壓按鍵時，爸媽可以使用同樣的詞彙，例如「壓」或「按」，不用說得太複雜，簡單就好。玩的過程中一定會有很多機會按按鍵，說完「壓」或「按」之後，爸媽可以模仿繪本發出的聲音，孩子會很喜歡這樣的遊戲，幾次之後就會自己說出「壓」或是「按」了！

在生活中幫助孩子增加聽得懂和可以說的語詞，才能為接下來一歲半之後發展的雙語詞奠定良好基礎。

08 可以用兒語與孩子說話嗎？

「來，吃飯飯！」「棒棒！」萱萱的媽媽在聚餐時，一邊和朋友聊天，一邊餵一歲多的萱萱吃飯。席間有位朋友忍不住問：「和孩子說話一定要用很誇張或很高的音調嗎？」到底爸媽該用什麼方式對小寶貝說話呢？

使用孩子能理解的語詞最重要

孩子在出生後，慢慢學會使用聲音回應大人的語句。當爸媽使用比較高的音調或是較誇張的說話方式，都可以吸引孩子的注意，並且讓孩子們有回應或是模仿的動機。

除了提高音調或用誇張語氣之外，另一種可以讓孩子增加回應的方式，是使用「簡單的語詞」，這包含了使用疊字詞。因為孩子從一開始玩聲音的「咕咕」聲，到一歲左右說出第一個有意義的字詞，例如「爸爸」、「媽媽」，這些詞多是重複性的。當爸媽使用較簡單的語詞或疊字詞說話，也能讓孩子更願意與爸媽「對話」。

這樣的說話方式，就是「兒語」。兒語是放慢說話速度、使用較高的語調及誇張的表情與孩子說話，但不是隨便說說就好，語句都是要符合文法，例如「坐車車」而非「車車坐」。

研究顯示，使用「兒語」可以幫助孩子更容易學習說話。試想一下，當我們要學習一個新語言時，疊字是不是比一長串音節的字容易說和記憶呢？當爸媽使用兒語，不管孩子是否會說話，都會回應爸媽。

不過要注意的是，兒語只適合在孩子十八個月之前使用。促進語言學習比較好的方式，是使用稍微高於孩子語言能力的語句與他們溝通，當孩子超過一歲半之後，通常可以說出五十個詞彙了，也開始進入雙詞期，慢慢準備進入說句子的階段，這時兒語對孩子的幫助就沒那麼多了，如果繼續使用，反而可能影響孩子的語言發展。

一歲半前與孩子說話的重點方式

既然在孩子一歲半前可以使用兒語來促進孩子的語言發展，那具體該怎麼做呢？我們可以從下面三個重點著手。

一、使用簡單的字詞

當我們使用簡單字詞和孩子說話，可以讓孩子比較容易理解詞彙的意思，同時孩子也容易模仿。爸媽請記得跟孩子說話時，要多使用簡單的詞彙，促進他們的理解力及表達力。

二、放慢說話速度

孩子在剛學說話時，音韻能力開始發展，例如大腦會把詞彙拆成單字，把單字拆成單音，但是如果爸媽說話速度太快，許多聲音聽在孩子耳裡會像黏在一起，變成難以比對或切割的聲音。因此爸媽在跟孩子說話時，記得適時放慢語速，讓孩子更能分辨及理解喔！

三、提高說話語調及增加抑揚頓挫

當說話的語調較高，會讓孩子感覺開心，這樣能增加彼此的互動性。另外，孩子還小的時候不太會使用「語調」，若是爸媽在與孩子溝通時，語句起伏變化多，可以讓孩子跟著學習。爸媽在說話時，可以搭配使用誇張手勢或表情，更能吸引孩子注意，才會與爸媽有更多互動。

最後，有一個小技巧請爸媽記得喔，那就是當我們跟孩子說話後，要等待孩子回應。不用擔心他不會說話，因為就算還在牙牙學語期，他們也會用聲音或動作來表達。

語言治療師帶你這樣玩

根據不同重點，我們可以使用不同遊戲方式來促進孩子的語言能力發展。

玩法一：語詞留聲機

爸媽準備一、兩個孩子喜歡的聲光玩具。爸媽可以在按壓按鈕讓玩具發出聲音時，模仿玩具的聲音，並且在同樣狀況下發出同樣的聲音，這能吸引孩子的注意力。在反覆五到六次後，鼓勵孩子也跟著爸媽發出相同的聲音，這樣就能促進孩子的表達能力喔！

玩法二：我問你答

這個遊戲的主要目的是讓我們等待並觀察孩子的回應。遊戲一開始，爸媽詢問孩子「眼睛在哪裡？」、「鼻子在哪裡？」等問題，然後用手在孩子眼前晃動，準備碰自己的眼睛或鼻子。這時可以注意孩子是否會直接來碰觸爸媽的五官，或是看看孩子有沒有注視著爸媽？有沒有露出微笑或期待的表情？最後再對孩子比出正確答案。

玩法三：詞語疊疊樂

爸媽在遊戲開始時，先讓孩子坐著或躺著，然後輕輕抓住孩子的手說「手手」；碰碰腳說「腳腳」，依此繼續進行不同部位。要注意的是，爸媽在說話時速度放慢一點，使用較高的音調，甚至可以反覆多說幾次並跟孩子玩，這樣會讓孩子感到有趣想多玩幾次！

與孩子溝通，最重要的是讓孩子想聽你說。在適合的階段使用兒語，既能吸引孩子的注意力，也可以促進語言能力發展。一舉兩得，何樂而不為呢？

09 聽不懂孩子說話，還要尬聊嗎？

一歲半的小寶在玩玩具的時候總是發出許多奇怪的聲音：「啊……啊……噗……」爸媽老是聽不懂他在說什麼。看著小寶自己玩得超開心，爸媽最後只好放他一個人玩。但是，這樣真的好嗎？爸媽這時是否該做些什麼？

練習和孩子亂聊天

孩子大約在一歲左右會說出第一個有意義的字詞，通常是熟悉的人或物品，例如「爸爸」、「媽媽」或「ㄋㄟㄋㄟ」。此時孩子會創造出自己的語言，使用固定聲音代表特定物品，比方說用ㄋㄟㄋㄟ來代表奶瓶；ㄋㄚㄋㄚ代表安撫巾；ㄅㄨㄅㄨ表示要坐車去玩。這些「聲音」不是我們熟悉的詞彙，大多只有和孩子非常熟悉的人才能理解孩子的意思。

這個時期的孩子還是常用手勢搭配聲音來吸引他人注意，藉此表達想法及需求，同時也會用聲音回應他人。在發出聲音時，他們會在中間做停頓，期待大人給予回應，並且在大人停下來時，繼續發出聲音，就好像在「對話」一樣；同時開始大量模仿大人回應的語詞，進而增加自己可以說出的詞彙量。

如果在這個階段大人都沒有給予回應，會發生什麼事呢？想一想，如果我們跟朋友說話時，朋友都不回應，我們還會繼續說下去嗎？孩子其實和大人一樣，如果說話都得不到回應，久而久之自然就懶得說，也因為聲音量減少，讓語詞量越來越跟不上進度。所以在孩子發出「聲音」時，請記得要回應他們喔！

寶貝自出生後，就開始想跟大人「對話」，不論孩子說的是自創語言或有意義的語詞，爸媽都要試著接住孩子拋出的「球」，練習和孩子「聊聊天」。

多跟孩子說話，促進語言力

爸媽都了解孩子需要陪伴及對話，卻不知道該怎麼說，孩子才能聽懂。要怎麼解讀孩子自創的「語言」呢？如果解讀錯誤，會不會造成不好的影響？

其實爸媽可以先放輕鬆，用自己覺得舒服的說話方式和孩子互動，開啟好的第一步。只要爸媽掌握三個方法，一定能讓孩子聽得懂，也能了解孩子的語言，讓你與孩子的雙向溝通更加順暢。

一、多跟孩子說話

用孩子能理解的語句，試著描述當下的情境給孩子聽。和孩子玩遊戲時，爸媽多注意他們是被什麼東西吸引注意力，然後把物品拿給孩子的同時，說出物品名稱或發出相對應的狀聲詞。孩子會從中學到語詞的意義，增加理解能力。

二、重複說話

大量說反覆同樣的話或語詞，讓孩子會有預期性，同時，他們也會對這個詞彙越來越熟悉，幫助他們記住這些語詞。基於這點，含有大量重複語句的童謠、兒歌就是很好的選擇，例如「兩隻老虎、兩隻老虎……」。當孩子熟悉後，一聽到旋律就會自己接著唱，藉此可以增加孩子表達的詞彙。爸媽不用太擔心一直說重複的話會不會讓孩子覺得無聊，其實孩子的大腦反而在一次又一次的練習後，會記得更加牢固。

三、多模仿孩子的聲音

在與孩子互動中，關鍵在於「回應」，也就是模仿孩子的聲音，這是最開始的「對話」。孩子會覺得爸媽的模仿很有趣，進而繼續發出同一個音，幾次之後再換不同聲音，並等待爸媽的模仿。之後，孩子越來越會「對話」，並發展出更多像爸媽所說的話語。所以先別急著要孩子模仿大人發出的聲音或說出的詞彙，試著模仿孩子吧，會得到意想不到的結果喔！

語言治療師帶你這樣玩

只要爸媽多跟孩子說話，找出與孩子互動的方式，不急著要孩子馬上模仿得一模一樣。只要在互動中讓孩子感到有趣，孩子就會好好跟爸媽「對話」。

玩法一：兒歌大集合

在飯後或洗澡時帶著孩子唱兒歌。藉由音樂旋律的作用，更容易幫助孩子記憶。爸媽請注意不要自己唱得太嗨，而是應該在歌詞重複的地方故意停頓一下等待孩子，看孩子能否接著哼出來。如果等待二至三秒後，孩子沒接著哼，卻很期待的看著爸媽，這時就可以直接唱，隨著爸媽一次次帶著孩子哼唱，孩子就能跟著接唱出來！

玩法二：小小轉播員

在陪孩子玩遊戲時，爸媽可以像轉播員一樣，把孩子正在做的動作說出來。例如孩子在玩火車軌道的時候，爸媽可以說：「火車開走了……火車回來……」在玩小豬撲滿的時候，可以說：「小豬吃一個硬幣……又吃一個……」類似這樣的旁白描述，多做幾次之後會發現，下一次孩子會故意重複做動作，並要你說出一樣的話！

玩法三：模仿大賽

這個遊戲很特別的地方，在於玩遊戲的主角是爸媽！孩子在玩玩具時都會發出一些聲音，此時爸媽就開始模仿孩子的聲音，孩子說什麼，爸媽跟著說一次。一開始可能是簡單的「ㄨ、ㄚ、ㄧㄚㄧㄚ、ㄅㄚㄅㄚ、ㄉㄚㄉㄚ……」，接著可能是一連串的話。試試看能否和孩子發出一樣的聲音。別小看孩子，他們發出的聲音有些我們可能還學不來呢！

語言是一種互動與交流，而不是單方面的聽人訓話。爸媽請試著做到「慢慢說、重複說、模仿說、等他說」的基本功喔！

10

什麼時候適合接觸雙語呢？

糖糖是個一歲半的小女生，小小年紀對英文很有興趣，連看電視也吵著要看英文發音的。現在爸媽還能教她一些簡單的英文，但接下來要選擇什麼樣的幼兒園才適合呢？

外語越早學越好嗎？

全球化的趨勢下，許多家長都有同樣的疑問：到底要不要讓孩子早一點學習外語，讓寶貝們贏在起跑點呢？卻也開始擔心，這麼早讓寶貝學外語，會不會影響說母語的能力呢？這兩個極端的想法，往往在爸媽的腦海中不斷拔河，讓人頭痛不已。

請爸媽先思考一個問題：為什麼同樣是新生兒，在美國出生的長大後聽得懂英文，在臺灣出生的長大後聽懂的是中文呢？難不成孩子一出生，大腦就會自動設定語言系統？

沒錯，的確是大腦設定，但不是「自動」設定，而是「爸媽」設定的喔！因為孩子在出生時，其實是具備區分世界上各種語音的能力，這個能力大約會持續到孩子八個月大。在這八個月中，爸媽會使用母語與孩子互動，於是在八個月後，孩子的大腦就會設定好語言系統，只保留辨識母語語音的能力，對於那些沒聽過的語言，辨識能力會慢慢消失。這是為了讓孩子可以更深入學習母語的語音特性，並且增加對母語的敏感度。

那麼，究竟幾歲才適合開始學外語？有人說越早越好，也有人說太早會讓中文變差。

其實，目前並沒有研究能證實哪一個時間特別合適。一般來說會建議孩子的母語學習相對穩定後，再學外語；也就是說在大約三歲後，孩子已經可以理解大部分母語的指令，也可以使用簡單句表達之後會比較適合。

爸爸媽媽不用擔心，學習語言從來沒有來不及，也不用急急忙忙一定要讓孩子先站在起跑點。只要維持孩子對外語的興趣，不要搞壞他們學習的胃口，才是最重要的關鍵。

營造自然的語言學習環境

要讓孩子喜歡一種語言，最好的方式是在生活環境中自然而然接觸，反而制式化的教學或背誦語詞，對於小朋友而言，難免少了一些趣味，應該是要藉由生活中的對話與互動，讓孩子自然的認識語言。

藉由累積詞彙、習得語句，然後用來與他人多溝通，在不斷嘗試與修正的過程中，逐漸把話說得清楚並讓人理解。

爸媽可以用以下建議的三個方式來協助孩子看看：

一、遊戲式的學習

有趣是最重要的關鍵，因此最建議的外語學習方式，就是唱歌。因為歌曲中的旋律可以讓孩子琅琅上口，而在唱唱跳跳的過程中，孩子也自然而然的學會詞彙語句的意思。

二、沉浸式的學習

外語學習的另一個關鍵是暴露的時間。相對於一天分多次學習，語言學習更適合每天固定一段時間的暴露，持續一至兩小時，反而更容易讓孩子習慣。如果爸媽的英文不好也不用擔心，可以選擇適合孩子的英文卡通或有聲故事也有所幫助喔！

三、互動式的對答

語言最重要的功能就是「溝通」，因此不只是讓孩子多聽，更要讓他們可以說出來。不論是爸媽使用歌曲或繪本，甚至是字卡，都要引導孩子適時回應。例如孩子反覆聽過幾次英文故事後，爸媽可以刻意停頓一下，指著繪本上的圖片，鼓勵孩子用英文說出來。透過這樣的練習，孩子就有更多使用外語的機會。

請爸媽特別留意，語言發展有個別差異，有些孩子快，有些慢，如果在三歲前的母語能力發展有稍微落後，就不建議急著讓他們先學外語喔！有時腳步稍微放慢，先把母語學好，讓孩子在學習各方面更能適應後，再逐步安排也不遲。

語言治療師帶你這樣玩

學習語言，不管孩子使用單語或雙語，要敢說敢講才有意義。讓孩子對語言有興趣，不懼怕，是最重要的關鍵。這裡提供一些遊戲方法，讓孩子在家也可以輕輕鬆鬆邊玩邊學。

玩法一：唱跳遊戲

透過唱唱跳跳的過程，孩子更容易學習。請爸媽陪伴孩子邊聽英文兒歌，邊搭配舞蹈動作，例如「Head, shoulders, knees and toes, knees and toes……」。活動前，爸媽只要先在網路搜尋一下，就可以找到許多兒歌唱遊的影片。爸媽也可以先練熟一點，再帶孩子一起唱跳。

玩法二：快樂學外語時刻

爸媽可以在每天固定的時間，例如午飯後，與孩子進行活動。在這段時間中，爸媽可以試著說簡單的英文卡通故事，例如《愛探險的朵拉》或《粉紅豬小妹》等給孩子聽。藉由簡單、重複的短語搭配大量圖片，讓孩子沉浸在故事中並學習外語。

玩法三：操作型繪本

找一套孩子喜歡的英文操作型繪本，這類繪本的頁面設計成可以讓孩子拉或轉等玩法，比如說拉開頁面時有小豬跑出來，這時家長就可以說「Piggy is coming.」。透過這樣的互動，孩子可以將外語詞句與圖片連結起來。

建立雙語學習環境，從遊戲中增加對外語的興趣，遠比你讓孩子「早點學」或「晚點學」來得重要。

第2部

語言發展篇

1.5～3歲

語言，是一個遙控器

聲音與視覺最大的差異在於距離。即便隔著一個房間，眼睛沒辦法看到，但只要大聲說話或喊叫，也能傳達我們的意圖。

在一歲半以後，隨著寶貝已經熟練走路等動作，他們會更熱衷於探索外在環境。只不過孩子一旦太專心冒險，就會忘了爸媽在哪裡，想到時才發現找不到爸媽，這時就會自然發出「媽媽……媽媽……」的求救聲。這時對孩子來說，語言就像是一個遙控器，因為有了「距離」，才有說的需求。

雖然距離讓孩子產生說的需求，但是語言學習仍然需要爸媽大量的陪伴與示範，讓他們可以從中學會更多詞彙，甚至是高階語法與句型。在一歲半到三歲這段短短一年多的時間中，寶貝們從使用「單詞」溝通，一下子變成會用「雙語詞」，然後有如變魔術般的，在兩歲之後突然蹦出「句子」來，這往往會讓爸媽非常驚喜。

只是也有些爸媽會有這樣的問題：我明明很用心照顧寶貝，寶貝也都聽得懂，為什麼就是不肯開口，只會用哭的來表達需求？想要和孩子來場溫馨的親子共讀，孩子為何總是不好好聽，只想一直翻頁，讓爸媽陪得挫折無力？也有好多人說，越早剪舌繫帶，對孩子的語言發展越好，這是真的嗎？

透過這些爸媽的提問，我們接下來會說明這階段孩子的語言發展狀態，以及如何讓他們開口說話且好好表達想法。

在語言學習上，爸媽要記得「有點黏又不會太黏」的原則。一來讓寶貝有足夠的模仿與互動的機會，二來讓他們有探索環境的經驗。在安全的環境下，與孩子適當拉開距離，保持在看得到與聽得到的範圍內，孩子才會嘗試開始使用自己的「遙控器」，而不是只對你比手畫腳而已。

如何讓寶貝的語言力加速成長？一起來了解吧！

11 舌繫帶要不要剪？

小純是個害羞的三歲小女生，因為她說話時有一點大舌頭，所以出門都不愛開口。很多人建議小純的媽媽帶她去剪舌繫帶，但是媽媽真的超掙扎，到底要不要讓小純挨上一刀呢？孩子真的需要剪舌繫帶嗎？還是長大就會好呢？

口腔構造與說話清晰度的關聯

如果要找舌繫帶位置，可以照鏡子觀察舌頭下方，會看到大約在舌頭下二分之一處有一條白白的筋膜，一直連到口腔底部，這就是「舌繫帶」。它能讓舌頭有靈活度，又不至於失去穩定度。

在生理構造上，舌繫帶是一層薄膜，對人類來說用途不大，但對於愛吃蚊子的青蛙，舌繫帶可以幫助牠閃電般吐出舌頭，捕捉到我們連打也打不到的蚊子。但對人類來說，舌繫帶太緊太厚反而會限制舌頭的動作範圍，導致無法舔嘴唇、吸吮母乳困難、舌尖音發音困難等等問題。

舌繫帶和大家想的不一樣，舌頭動作被限制住，一開始最容易受影響的不是說話，而是媽媽在哺乳上的困擾。舌繫帶太短的寶寶，下門牙會「咬」到媽媽，導致親餵變成一種處罰。等孩子長大些，就會影響到孩子說話清晰度。我們說話時不只是需要吹氣，更需要將舌頭放在特定位置做出準確的發音。如果孩子的舌頭動作受到限制，當需要發出舌尖音（ㄉㄊㄋㄌㄗㄘㄙ）或捲舌音（ㄓㄔㄕㄖ）時，就會受到影響而說不清楚，這就是俗稱的大舌頭。

既然如此，反正舌繫帶沒用，乾脆全部剪掉好嗎？十多年前，南韓全民瘋狂學英語時，就有人突發奇想，為了讓孩子的英語發音更好，許多六歲以下的孩子都去剪舌繫帶，甚至可算是一種流行風潮。多年之後，這一批小朋友長大了，但他們在英語能力的表現上沒有什麼增加或改變，根本是白白挨了一刀。

而在臨床上也的確碰過許多家長說，老早就帶小孩去剪舌繫帶，怎麼長大說話還是臭乳呆？那是因為，舌繫帶會影響到孩子說話能力的比例其實很低呀！

簡易評估狀況

剪舌繫帶並不是複雜的手術，爸媽其實不需要特別擔心。但是聽到要動手術，做爸媽的都會很心疼、猶豫。家長一定還是希望知道到底哪些情況需要剪，那些情況又不用吧。

舌繫帶太短的發生率大約是千分之〇・四至千分之四之間，因此絕大多數孩子是不需要剪的。除非孩子符合以下三點評估標準，才必須做手術治療：

一、孩子盡量將舌頭前伸，舌尖呈現「w」形。

二、孩子盡量將舌頭上捲，舌尖無法向上捲碰到上唇。

三、孩子盡量將舌頭前伸，不會超出嘴唇。

如果你的寶貝符合這三點，可能是舌繫帶太緊，限制了舌頭動作範圍。此時建議尋求「小兒外科」醫師評估，如果確認是舌下沾黏，請盡早安排手術治療。在小嬰兒還有沒有長門牙或只有一兩顆牙時，只需做門診手術就可以解決了。因為舌繫帶沒有什麼血管，通常只會有一點點出血，用紗布輕壓三至五分鐘就會止血，也不需要住院或特別護理，回家就可以正常吃奶。

但是如果孩子年齡已經三、四歲，由於有些孩子無法控制，如果又特別怕看醫生，情況就會比較複雜，甚至有些必須做麻醉處理。

看到這裡，爸媽千萬不要自己嚇自己、過度擔心了。在臨床上，絕大多數孩子的舌繫帶有點緊緊的，但只要舌頭伸出來可以超過嘴唇，透過增加舌頭動作的訓練或許可以免除挨這一刀。

語言治療師帶你這樣玩

如果孩子不需要剪舌繫帶，卻仍有說話不清楚的問題，這大部分與舌頭靈活度有關，不論有沒有做手術都需要進一步練習。接著我們來學習一些促進孩子舌頭靈巧度的遊戲，爸媽在家可以帶著寶貝一起做喔！

玩法一：舔果醬

爸媽將孩子喜歡吃的果醬塗抹在唇部上方，讓孩子試著用舌頭將果醬舔乾淨。如果孩子可以舔到果醬，表示他的舌頭可以上抬觸碰到上唇。將舌頭上抬時，爸媽可以注意孩子是否會使用下唇幫忙撐住舌頭，很多孩子舌頭力量不夠，上抬時反而是下唇很用力，那樣可以試試看改舔棒棒糖，過陣子再回到這個活動練習看看。

玩法二：扮鬼臉

拿出一面鏡子，與孩子一起在鏡子前將舌頭伸出扮鬼臉。如果孩子可以將舌頭伸出，還可以試試將舌頭往左右兩側移動，看看誰的舌頭比較靈活？

玩法三：舌頭畫圓

這個遊戲一樣可以使用鏡子。爸媽和孩子在鏡子前比比看，看誰的舌頭可以繞唇畫圓，如果成功了，還能繼續比看看誰畫得快！

不是所有說話問題都和舌繫帶有關，爸媽可以多留心，要記得反而是多練習舌頭動作，才是關鍵，但可別過早帶去多剪那一刀，到孩子長大才發現什麼都沒改變喔！

12 孩子有時說話大舌頭

小靜兩歲半，是個很愛說話的小孩，但是除了媽媽以外，其他人都聽不太懂她說什麼。小靜說話像是含了滷蛋，媽媽常常要充當翻譯機。媽媽常這樣想，小靜是大舌頭嗎？長大後會變好嗎？

口腔動作跟不上說話速度

如果孩子說話的「清晰度」很難辨識，通常會說這樣是「臭乳呆」或「大舌頭」，也就是語言治療師常說的「清晰度不佳」。

提到「臭乳呆」或「大舌頭」，最常聽到有人說這樣「長大就會好」。其實大部分孩子在四歲前確實狀況會漸漸改善，因為大多數發音在四歲後就已經很清楚了。倘若四歲之後還是說得不太清楚，那就不是「長大就會好」了。

以小靜的例子來說，因為她年紀還小，就需要家人多加觀察。倘若孩子說話的清晰度已經嚴重影響到生活，連家人都聽不懂，就會建議立刻尋求專業的協助，以免影響孩子日後在認知和社交溝通方面的發展。

爸媽可能會疑惑，為什麼孩子說話有時清楚，有時又不清楚呢？難道是孩子不用心嗎？這種狀況通常有三種不同的原因：

第一是口形變化不佳。因為孩子的唇部肌肉力量不足。最明顯可以注意到的就是「口形變化」，例如在唸「ㄧ、ㄨ、ㄚ」時，有沒有感覺到嘴巴張開的幅度有明顯變化。如果爸媽們發現孩子的嘴巴好像都沒有在動，那就要注意囉！

第二是舌頭不靈活。發音除了會用到唇部肌肉，另一個用到的就是舌頭。可以試著先發出ㄉ的音，再發出ㄍ的音，你會發現舌頭一下在前，一下又往後移；如果要發出ㄓㄔㄕㄖ的捲舌音，舌頭又要往上捲起。雖然這些只是舌頭位置小小的改變，卻能發出截然不同的聲音，有沒有很神奇？如果說話時舌頭都無法放置在正確的位置，當然也會說不清楚。

第三，輪替動作不佳。「輪替動作」指的是雙唇和舌頭重複執行快速動作的能力，例如發出「唏哩唏哩、嘩啦嘩啦」的聲音時，如果孩子的唇舌協調度不好，就無法快速調整到正確位置，也會導致說話清晰度不佳。最明顯的是，孩子說詞彙時很清楚，但是說句子的時候清晰度卻變得很差。

當孩子說話不清晰，一直逼著他一字一句說清楚，反而會影響溝通意願，得先找到原因才能對症下藥。

三步驟，增加說話清晰度

孩子說話不清楚，對爸媽來說很困擾。那麼我們該如何協助孩子增加清晰度呢？讓我們從三個步驟來試試：

一、練好基本功

提升孩子的口腔肌肉力量，最簡單的方式可以從改變飲食著手。只要增加食物的多樣性，不要一直吃軟綿綿的粥或總是將食物剪碎，孩子自然也能慢慢恢復口腔肌肉的力量。加強版可以用蒟蒻條、鱈魚香絲讓孩子試試看，但是爸媽不要一下給太多，反而會讓孩子對吃東西感到累或害怕，下一次或許就不肯吃了。

二、舌頭往上抬

爸媽可以觀察一下孩子在吃東西的時候，是否出現「舔」的動作？比方說寶貝的臉上黏到飯粒時，能不能用舌頭把飯粒舔掉？還是直接用手抹去？或是在吃冰淇淋時，是用舔著吃？還是一口咬下去？如果孩子可以做出舔這個動作，表示他的舌頭動作還不錯。爸媽可以多鼓勵孩子練習讓舌頭上下左右移動，增加舌頭靈活度。

三、**唱歌唸謠**

在許多的兒歌或童謠裡，有音節重複的歌詞，例如《洗澡歌》的「嚕拉拉，嚕拉拉，嚕拉嚕拉勒……」。當爸媽跟寶貝一起唱歌的同時，可以注意孩子是否跟得上。如果可以跟上且聲音清楚，就表示他的「輪替動作」不錯。這邊需要提醒爸媽，輪替動作在孩子大約兩歲半才會漸漸開始發展，這時孩子如果有一點跟不上也沒關係，只要將歌謠速度放慢一點，讓孩子可以跟上。

語言治療師帶你這樣玩

當孩子說話不清楚，爸媽應該先理解原因，再帶著孩子練習逐步來增加清晰度。這裡提供三個在家可以輕鬆練習的小遊戲。

玩法一：派對吹笛

在生日派對上常常看到一種笛子，只要一吹，前面捲起來的部分就會伸直。這需要良好的口腔肌肉力量，如果吹得不夠大力，雖然會有聲音，卻沒辦法把管子吹直喔！爸媽可以和寶貝一起吹，看看誰比較厲害！

玩法二：一起玩吹畫

還記得小時候玩過用吸管對著畫紙上的水彩吹氣，做出一幅美麗的圖畫嗎？當孩子大約兩歲之後，爸媽就可以帶孩子這樣玩吹畫。這方法可以幫助孩子減少流口水的狀況。準備好一張白紙、吸管，還有顏料，當寶貝把顏料滴在紙上，爸媽就和寶貝一起拿起吸管把顏料吹開。過程中，如果擔心寶貝將顏料吸進去，可以在吸管中間戳個小洞，這樣孩子可以吹氣但比較不會吸到顏料。

玩法三：乒乓球闖關遊戲

爸媽準備一顆乒乓球放在桌上，和寶貝比比看誰可以吹得比較遠。這個活動可以練習到口腔肌肉力量及口形維持的能力。有些寶貝可能吹一、兩下，嘴巴已經無法嘟起來吹氣了，這就表示他的唇部力量不夠，無法維持口形太久。這時爸媽需要分段和孩子玩，一天多練幾次。此外，爸媽需注意的是，孩子如果卡住吹不動，請適時幫他偷吹一下，讓他們有成功的經驗，才有興趣練習下去。

孩子們不會故意把話說不清楚。若是寶貝們說得不好，只要找對方法，帶著孩子一起做些練習，遠比不停的提醒來得更有效喔！

13 寶貝是大隻雞慢啼？

安安兩歲三個月大，是文靜的小女孩，在家話不多，出去外面和小朋友一起玩時，爸媽覺得安安不像其他孩子一樣嘰哩呱啦講個不停。這讓爸媽很擔心，有人建議爸媽帶安安去做語言治療，有需要嗎？

三歲前的語言發展關鍵點

記錄寶貝的每一個第一次，都是爸媽的喜悅。不論是寶貝第一次翻身、第一次爬、第一次走、第一次說話……等等，但當我們發現和寶貝一樣大的孩子已經會了，自己的卻還沒有做到，往往會感到擔憂。這時爸媽不要自己嚇自己，應該先來了解孩子的「發展里程碑」。

這裡我們簡單描述孩子一歲後的「語言理解」和「語言表達」發展狀態，爸媽可以對照孩子的年齡看看是不是符合應有的表現。

語言理解		語言表達	
1～1歲半	理解情境中含有手勢／動作的指令。	1～1歲半	可以說出五十個詞彙。
1歲半～2歲	無提示下理解簡單指令。 可指認常見物品。 理解簡單問句。	1歲半～2歲	出現雙語詞。 會使用所有格。 會詢問「是什麼？」。
2歲～3歲	可理解兩步驟的指令。 可理解約三百個詞彙。 理解簡單形容詞。	2歲～3歲	會使用簡單句。 會詢問「在做什麼？」。

看完發展里程碑後，更能注意到孩子的發展狀態。只是你可能也遇過長輩常常這樣說：「孩子只是大隻雞慢啼，不要太緊張！」

這邊長輩所說的「大隻雞慢啼」，指的是孩子的語言理解符合發展年齡，但是口語表達比其他孩子慢大約三個月到半年，或是說孩子已經會說話了，表達也符合發展年齡，只是說得比較少而已。這時，爸媽不用太擔心，只要給孩子一些引導，自然不會有問題。

但是如果孩子在一歲半時還沒有出現有意義的詞彙，兩歲半時無法理解至少一個兩步驟指令，或是沒有出現第一句簡單句，爸媽就必須注意了。這表示孩子已經比其他孩子發展慢超過半年，需要找語言治療師評估囉！

發展較慢的可能原因

當爸媽發現孩子的語言發展比較慢，通常會很緊張，一方面擔心是自己帶孩子的方式不夠好造成的；另一方面也不知道該怎麼去幫助孩子。至於為什麼會有大隻雞慢啼的狀態呢？可以從三個面向來看：

一、感覺刺激

有些孩子明明睡眠時間已經跟其他孩子一樣多，但看起來總是昏昏沉沉像沒睡飽的樣子，反應也慢半拍。這是因為孩子的覺醒度比較低，這時不是讓孩子繼續睡，反而是要帶孩子動一動！當孩子覺醒度提高，對於外在刺激，像是爸媽說的話，才會有反應，學習效率自然會提高。

二、語言刺激

兩歲的孩子開始喜歡探索環境，對外在世界感到好奇。孩子藉由每一次探索認識新事物，從中學習新的語詞，因此，探索環境無形中就能增加孩子的語言刺激。這幾年因為新冠疫情，孩子都只能待在家無法出門，孩子的探索機會減少，相對的語言刺激也會變少。這時只能靠爸媽在家多跟孩子互動，才能給予足夠的刺激喔！

三、表達需求

和爸媽想像的不一樣，幫孩子做得太多對孩子反而不好。當我們都在孩子說出需求之前把所有事情做好，孩子自然就不需要「表達」了，又如何有機會練習說話呢？久而久之，當然會影響到孩子的語言發展。因此，適時的讓孩子先表達，我們再幫忙，反而是重要的。

不論是哪種原因造成孩子的語言發展較慢，只要爸媽覺得擔心，就可以尋求專業協助。有時光是釐清問題的原因，就可以幫助爸媽找到協助孩子的方式，問題自然就可以解決了。

語言治療師帶你這樣玩

我們可以試著用下面幾個小活動來提升孩子的語言能力。

玩法一：一起逛超市

讓孩子看一些平常看不到的世界，幫助他們的語言發展，逛超市就是一個很好的活動。帶孩子在超市裡採買，認識不同食物、日用品，介紹爸媽採買的各種物品，增加孩子理解和表達的詞彙量。

玩法二：幫動物準備食物

坊間有許多水果圖卡、蔬菜圖卡等等，爸媽可以準備五到六張圖卡及一個孩子喜歡的動物玩具。遊戲開始時，爸媽可以拿一張圖卡假裝要讓動物吃，並且對孩子說「要吃草莓」，讓孩子拿草莓卡片給動物吃。接著，也可以讓孩子主動說要吃什麼，換爸媽去找卡片。這樣孩子就能學會聽指令以及表達。

玩法三：圖卡翻翻樂

將物品圖卡都放在桌上，爸媽和孩子一起輪流翻卡片說出名稱。一開始，孩子翻開後，爸媽可以先說名稱，翻兩、三張後就假裝不知道答案，鼓勵孩子說出來，增加孩子主動表達的能力。

語言充斥在生活中，隨時都需要用來與他人溝通。爸媽們不用過度擔心自己的孩子是否發展得比別人慢，每個孩子都有自己的成長步調。平時陪他們玩些小遊戲，就能協助他們長得更好。

14 上學可以讓語言發展比較好嗎？

平平是兩歲的孩子，平常在家話不多。身邊同年齡的孩子一個個開始上學了，這讓媽媽思考該不該也讓他去上學，或許這樣能讓他多說一點？

學校生活增加語言刺激

現在生活多是小家庭，常常家裡只有三個人——爸爸、媽媽和寶貝，比起以前的大家庭、街坊鄰居的互動，言語交流的豐富度確實少了許多。將寶貝送到學校是個不錯的方法，但要注意的是「時間點」！送孩子去上學的最佳時間，最好是在九個月大以前，或在兩歲之後。

好的入學時間點能讓孩子順利進入新環境，而第一個時間點會在九個月大以前。小嬰兒一開始不太會認人，只要有人抱就可以，到了六到八個月大，寶貝開始越來越黏人。九個月大時，只要一看到陌生人就會大哭，就是所謂的「陌生人焦慮」。因為很會認人，加上會爬或走路，難免有時玩一玩找不到媽媽，就會出現「分離焦慮」。

分離焦慮的高峰期大約在十個月到一歲半，這時往往連媽媽去上廁所都要跟進去參觀，哪可能願意分開呢？這狀況等到一歲半後才會漸漸好轉。直到兩歲後，孩子會迫不及待想要探索外在環境，每天都想出門去玩，分離焦慮的問題也會慢慢消失。

因此如果是在九個月到一歲半送孩子去上學或去保母家，對孩子來說就像每天都要承受爸媽消失這件事，對爸媽或孩子都是一種折磨，因此如果可以的話，盡量避免為佳。

孩子要上學請注意

在經驗上，的確大多數孩子去學校上學會有語言上的進步，只不過進步的幅度往往和選擇的學校有關。爸媽可以參考以下三點來思考：

一、依照孩子的發展

要依照孩子的發展來選擇學校，而不是依自己的喜好。對於「語言理解」比較弱、需要增加語言刺激的孩子，我們會建議選擇有獨立教室且人數不太多的學校。理解力不好的孩子，大多會依靠「視覺學習」，開放式教室容易看到與上課無關的東西，反而導致孩子出現分心的狀況。

相反的，對於「口語表達」比較弱的孩子，就建議選擇開放式教室且人數多的學校。因為開放式的教室環境刺激多，加上同儕多，容易讓孩子聽到更多聲音，模仿的機會也會增加。

二、根據孩子的特質

每個孩子的特質都不一樣，挑選學校時，也要留意孩子的特質是否符合學校特性。舉例來說，有的孩子雖然很會說話，但個性害羞很怕上臺，如果幫他選擇的是常常要做成果分享、才藝表演的學校，本來想幫孩子克服上臺恐懼的美意可能適得其反，會讓孩子更不想去上學。

有些孩子原本就不太知道如何交朋友，如果幫他選擇的學校正好團體合作的機會較少，孩子就更難練習到互動技巧及建立人際關係，上學反倒沒有辦法促進他的能力增長。

學校是家庭的延伸，爸媽要相信老師，孩子上學才會有足夠的安全感和勇氣。因此，儘管讓孩子上學可以促進語言發展，但孩子更需要爸媽在家給予足夠的協助喔！

15 點讀筆好方便？

小圓已經兩歲五個月了。前陣子媽媽買給他一支新的「點讀筆」，只要拿著點讀筆點點點，點讀筆就會不停的說話。但是，最近幼幼班的老師反應小圓好像比較聽不懂，反應也比較慢。媽媽心想，小圓不是已經整天在聽點讀筆說話了嗎？怎麼還會聽不懂呢？

聽得變多，卻少了說話的機會

科技發展是一個進步的象徵，過去說故事，孩子只能透過爸媽了解劇情，然而，現在有了點讀筆，孩子可以藉由直接的操作與書本互動，讓爸媽從唸故事書中解脫，不用再當一個「人體播放器」。

我一直很喜歡NOKIA的廣告詞「科技始終來自於人性」，科技確實可以取代唸故事，但不能取代爸媽的陪伴。「聽故事」是我們能給孩子最大的禮物，當我們把「說故事」的工作交給了機器設備，同時也失去吸引孩子注意的鉤子，又如何能讓孩子學會聽我們說話呢？最後我們再來抱怨孩子耳朵長去哪裡了，不覺得很矛盾嗎？

「點讀筆」本身沒有任何問題，但是，不論是點讀筆或教學APP都容易引發一個狀況，那就是缺乏「等待」的時間。

當看到一個問題，孩子還沒有來得及動腦思考，只要手指一動就能聽到或看到「答案」，這樣過於便利，讓孩子越來越不需要思考，導致他們無法將「視覺」與「聽覺」之間做連結，造成說的話變少。

我們看到一個事物，通常先要在腦裡找出相對應的記憶，再轉換成詞彙，最後動嘴巴才能說出來。這些過程都需要時間。當孩子過度習慣快速的反應，就會比較喜歡指或點，而不喜歡說。所以並不是點讀筆有沒有問題，而是運用的方式恰不恰當。

世界上沒有百分之百的好，點讀筆也是如此。雖然可以增加詞彙量，讓爸媽比較輕鬆，但不應該過度依賴喔！

好好使用也有方便性

點讀筆其實是語言學習方面一個不錯的媒介，電腦和平板也是，重點是看我們如何運用。無論這些科技產品多厲害，它們依然只是一種「工具」。這些「工具」給予孩子的往往是機械式單方面的回應，而不像人與人之間是雙向溝通。不然我們只要在每一個嬰兒旁邊放一個ＡＩ「小愛同學」，不是也可以讓孩子學會說話嗎？

在這裡我們建議三個使用點讀筆或３Ｃ產品的使用原則：

一、善用停頓

如果你有和孩子一起看卡通，有時會覺得幼兒卡通超奇怪，話說到一半就暫停好久，例如：《愛探險的朵拉》每次都會問「再來要去哪裡？」，然後停頓好一陣子才說出答案。其實，這是因為要給孩子們思考的時間。

所以別急著說出答案，停頓一下！只是當我們「停頓」時，記得眼睛還是要看著孩子，讓他知道你在等他喔！

二、打開耳朵

想想看，你有多久沒有接電話和人聊天，反而更常用手機上的Line？但你有沒有發現，常常訊息打到一半，對方又傳來新的回應，你只好再重新回覆？這主要是因為「看」快於「聽」，更快於「寫」。

當孩子過度依賴看東西，往往會壓抑聽覺。這時爸媽可以讓孩子減少視覺刺激，例如降低手機、平板的使用時間與頻率，多讓孩子聽故事或玩音樂。讓孩子多多運用耳朵，會有所幫助。

三、**善用工具**

跟著孩子一起使用點讀筆，而不是將它當作帶孩子的工具。點讀筆可以是引發孩子興趣的鉤子。每個孩子的興趣不同，有些喜歡交通工具，有些喜歡恐龍，這時點讀筆就是個很好的媒介。藉由孩子主動探詢的過程，幫助我們了解孩子的喜好，之後比較容易找到話題，讓孩子打開話匣子。

我一直很喜歡一句話：「記憶是無法一個人創造的。」就因為有你的陪伴，才能加深孩子的記憶。當孩子記得越深刻，又哪需要擔心他記不住、學不會呢？

語言治療師帶你這樣玩

語言是一種溝通與互動，需要有「人」在旁邊一起分享。如果孩子過度依賴「工具」卻懶得理人，我們可以試試用下面三個小遊戲來協助孩子。

玩法一：我會跟著這樣說

找一本你想和孩子分享的繪本，並準備一個娃娃。在說故事的過程中，輪流假裝是娃娃在命名書中的圖案，玩的時候，爸媽的表情或動作可以誇張一點，這樣孩子才會覺得有趣。

玩法二：聲音對對碰

就大腦的功能來說，視覺與聽覺會相互搶奪資源，基於此點，爸媽可以選擇一些聽覺遊戲APP，例如「Little Ears」。這款遊戲能讓孩子聽不同的聲音來找出對應圖案，幫助孩子打開耳朵。藉由遊戲，訓練孩子學會仔細聽，而不只是用眼睛看。當然還有很多類似的資源，爸媽也可以自己多找找、多試試，只要孩子願意聽，都是很好的媒介。

玩法三：故事聽聽樂

讓孩子多「聽」故事，而不是一直「看」故事。現在網路上有很多現成的有聲故事書。如果孩子比較依賴手機或平板，爸媽也可以帶著孩子一起聽有聲故事書。在這樣調整的過程中，有可能需要花費一、兩個月的時間，爸媽要多一點耐心喔！

科技沒有對錯，只是不要過度依賴，可以適度的運用。只要多花點心思，這些都是可以促進孩子語言發展的好資源喔！

16

孩子都不好好聽故事

小花是個愛看書的小女孩，平常都會自己去拿書，安安靜靜的看，像個小大人一樣閱讀。但是每次爸媽要和她一起讀繪本，常常一頁還沒講就急著翻頁；要不然就是不停問問題，甚至聽到一半跑掉。平常明明可以自己看書，為什麼親子共讀時又不配合呢？難道是她的專注力有問題嗎？

親子共讀要配合年齡

這幾年「親子共讀」是很夯的議題。在專家大力推薦下，越來越多爸爸媽媽也開始重視。從孩子不到一歲開始，就準備各式各樣的繪本，打算從小培養孩子的「閱讀習慣」。

最初孩子只要聽到爸媽的聲音，就會感到開心，這時帶著孩子看繪本其實沒什麼難度。但是當孩子長大，爸媽會發現他們常聽故事聽到一半就「翻頁」，或是還沒說完就急著要看下一頁，這是因為孩子對繪本的內容太過好奇了。

對孩子來說，書本是認識世界的媒介，各種新奇圖案都吸引著孩子的目光。因為太急著想知道還有什麼，就會忽略爸媽說的內容，也不由自主的翻頁。

這時爸媽不用覺得是自己說故事技巧不好，很多時候反倒是爸媽太過求好心切，不小心把故事說得太詳細、太複雜，超過孩子當下的理解能力。其實，說故事一定要先配合孩子的年齡。如果你說的孩子都聽不懂，他們就只能依賴圖片，看完就翻頁了，不是嗎？

想讓寶貝好好聽故事，最重要的是觀察孩子的回饋，並適時調整難度。最初先準備五至十分鐘內就能讀完的小故事，而不是拿出整本安徒生童話。「親子共讀」不是要強調孩子提前學習，而是讓親子以書為媒介，擁有一段親密時光。

共讀技巧試試看

在正式講故事前，可以先讓孩子「翻閱」一遍繪本，讓他們大致有個概念，不需要特別細看或說明，就不會「急著」想看到後面有什麼。這裡我們幫爸媽整理出四大招，讓你在親子共讀時得心應手。

一、指出主角在哪裡

上面提到的「翻閱」，目的是讓孩子專注在故事上。在翻閱的時候要多加上「指認」，就是在每一頁找到主角，再開始說故事。當孩子「翻閱」過繪本，有了一些初步印象，爸媽說故事時孩子就能更專注、更融入。

二、孩子在看什麼？

說故事的關鍵不是一字不漏的敘述，而是要觀察孩子當下對什麼畫面有興趣。如果他注意的是背景上的細節或旁邊的配角，這時爸媽可以暫時中斷故事，順著孩子的目光做點補充，比方這樣說：「你看這裡還有一隻小瓢蟲……」再接著引導孩子將注意力轉回主角身上與故事中。

三、說適合的故事

多觀察寶貝們的反應就可以知道故事是說得太簡單或太困難。太簡單的話，孩子聽沒幾句就覺得無聊；太困難的故事，孩子會不停問「這是什麼？」「這個呢？」或是跑走。其實使用繪本最方便的一點，就是把句子加長或縮減，可以依狀況調整難度。如果改變之後寶貝們就可以專心，那表示這是合適的難度。另一個更簡單的方式就是使用「推薦書單」，這通常會按年齡做安排。網路上這類相關資源很多，爸媽可以搜尋看看。

四、這不是工作

許多家長在跟孩子說故事時，常擔心自己沒有把一本故事書「說完」，搞得自己超有壓力。真的不用每次都「說完」一整本，選擇長度適中的書，可能比你的堅持更有效果。有時孩子真的累了不想再聽，把講到一半的那一頁說完，就讓孩子先休息吧。讓孩子喜歡和你黏在一起聽故事，才是最重要的喔！

語言治療師帶你這樣玩

孩子是個百分之百的模仿者，如果你習慣拿起書本，相信你的孩子也會喜歡閱讀。爸媽可以在家裡做一點小活動，讓孩子更享受與爸媽一起讀書的時間。

玩法一：主角在哪裡？

爸媽在開始講故事前，先讓孩子認識書中的主角，像是《小金魚逃走了》一書，就可以讓孩子先認識小金魚。從封面先認得小金魚的樣子，然後讓孩子在每一頁尋找小金魚。找到時要記得稱讚孩子喔。如此進行到最後一頁。

玩法二：手指偶真有趣

講故事時也可以搭配使用手指偶，例如在講〈大野狼與小紅帽〉的故事時，爸媽可以一邊說，一邊用大野狼手指偶演出要吃掉小紅帽的樣子，這樣故事會變得活潑許多，孩子也能聽得更專心。

玩法三：動動手、貼貼紙

讓孩子在聽故事時有事情做，可以讓他們更專心。這裡的貼紙指的是可以反覆黏貼的標籤紙，不是不可撕的那種。比方說，爸媽在講到大野狼時，可以給孩子一張標籤紙貼在上面，讓孩子隨時注意爸媽說的內容，眼睛也會盯著繪本看。

孩子不是不專心、不想聽爸媽說故事，只要爸媽用對方法，也可以輕輕鬆鬆做好親子共讀。親子共讀從「兩歲」開始，會比「四歲」才開始更容易成功喔！

17

如何挑選合適的繪本？

瑞瑞從一歲半開始，爸媽每晚都會讀繪本哄他睡覺。現在，他可以自己坐在椅子上安靜看書，爸媽很開心，但還是有點煩惱，因為瑞瑞看來看去，總是看交通工具或恐龍的書，對其他主題都興趣缺缺。要怎麼讓他對其他種類的書籍感興趣呢？

挑選繪本三原則

現在的孩子從小就接觸繪本，不論洗澡書、布書、玩具書……，種類非常多元。在臨床治療上，也常會使用繪本作為媒介。透過繪本，可以讓孩子先喜歡聽故事，對於日後養成主動閱讀習慣很有幫助。

可是，市面上那麼多繪本，要如何挑選合適的呢？我們可以從底下三個原則來注意：

一、**寶貝的年紀**

對兩歲前的孩子來說，「繪本」更像是玩具，拿起來撕、咬都很正常。這時可以考慮選擇材質不易破的布書或洗澡書。請不要因為孩子撕破書而處罰他們。當孩子三歲以後，已經可以了解書不是拿來吃的，就可以準備圖片較多的繪本。四歲以後，孩子開始對文字產生興趣，就可以準備文字多一點、句型相似的繪本，有助於增進孩子的語法發展及表達能力。

二、**寶貝的能力**

故事要有高潮起伏，聽起來才會有趣。但是如果故事太長，超過孩子的理解力，往往會讓孩子失去興趣。有些孩子喜歡聽轉折較多的故事，例如《愛哭公主》；有些孩子喜歡平鋪直敘的故事，例如《小雞逛遊樂園》。爸媽可以從唸繪本時孩子的表現和反應來判斷是否難易度適中，藉此找到適合的繪本。

三、**寶貝的喜好**

不要因為擔心孩子的興趣太過狹窄，就故意挑選他們沒有興趣的主題，這反而會讓孩子覺得掃興。我們可以從孩子的興趣往外擴展，例如他喜歡交通工具，我們就可以從公車、挖土機開始，延伸到太空梭、火箭的主題，甚至引導孩子認識宇宙和九大行星。透過加深和加廣的過程，讓孩子擴大視野與知識量。

對孩子來說，喜不喜歡看繪本，除了書中內容好不好玩，另一個關鍵是可不可以黏著爸媽。記得找一個專屬於孩子的時間，好好的跟孩子說故事吧！

不只共讀，更要讀懂

在臨床上，常常聽到許多爸媽反應，明明就已經讀很多繪本給孩子聽，孩子也聽得津津有味，但稍微問孩子一些問題，卻一問三不知。為什麼會這樣呢？其實語言治療師在臨床上使用繪本時，不僅僅是唸過，還會注意五大原則：

一、故事要素

故事要素就是「人、事、時、地、物」，這是每個故事中最重要、也是孩子在閱讀時最需要記得的事。當他們在聽故事時記得這些內容，才能保有對於後續情節的理解及興趣。例如《小雞過生日》這故事，孩子聽過了卻不記得是誰過生日或有沒有吃蛋糕、拆禮物，那表示他對這個故事印象薄弱，自然沒興趣再翻第二次。

二、事件順序

故事是由許多小小的事件組合而成，才能變成有趣的劇情。例如《小雞過生日》中，小雞們和媽媽先去買蛋糕，但是沒有買布丁讓小雞們很難過；晚上媽媽拿出蛋糕和自己做的布丁，讓小雞們很開心。孩子要記得事件之間的先後順序，才能理解故事。

三、因果關係

事件之間除了順序之外，還有另一個重點就是「因果關係」。如果孩子無法理解「因果」，就會聽不懂故事想要傳達的重點。像是《小雞過生日》的故事中，因為小雞的生日到了，媽媽才會去買蛋糕，而不要讓孩子倒因為果的認為是因為買了蛋糕，小雞才過生日。

四、預測內容

閱讀是一邊看一邊想的過程。當孩子有「停頓」的時間去想接下來會發生什麼事，才會對後續的內容有感覺。如果內容和他猜的一模一樣，他會感到開心；如果不一樣，他會感到驚訝。這樣的心情變化能讓他真的喜歡上閱讀。

五、連結經驗

閱讀不只是看書，更應該與生活相關。透過自身經驗與故事連結，孩子的印象深刻，就會更喜歡讀書。就好像孩子看到小雞吹蠟燭的圖片，就會自動的唱起生日快樂歌。

閱讀不只是唸書，不然只要放CD就夠了。親子共讀是一種引導，是讓孩子從喜歡黏在爸媽身上聽的喜悅，轉化到自己看書的重要過程。

語言治療師帶你這樣玩

在強調素養教育的現在，閱讀能力變得越來越重要，孩子不只要細讀學校的課本教材內容，更需要有大量閱讀能力。只是孩子年紀還小，又該如何引導孩子培養出閱讀的習慣呢？這裡教爸媽三個小技巧：

玩法一：讓孩子做決定

每天到了「閱讀時間」，爸媽可以讓孩子挑選自己想要聽的故事，再依照孩子的能力縮短或延長句子的複雜度，讓孩子喜歡聽故事。孩子常常會拿同一本書反覆看，爸媽不用太擔心，這是很正常的過渡階段。這時爸媽也可以故意改編故事內容，看看孩子有沒有發現喔！

玩法二：跟著繪本動手做

聽完故事後，帶著孩子一起重現故事內容，會讓孩子印象更深刻！比方說看完《愛吃水果的牛》，爸媽可以畫出或列印出一隻大肚子的牛，讓孩子在牛的肚子裡畫各種水果，也可以在畫完水果後再畫出相對應的各式牛奶。提醒爸媽，不需要求孩子畫得很精美，重點是讓孩子藉由活動喜歡上繪本。

玩法三：分享自己的想法

這個活動是要爸媽分享自己的想法喔！比方說看《鱷魚怕怕牙醫怕怕》繪本時，爸爸可以說自己也跟鱷魚一樣很怕看牙醫，以前要看牙醫的時候都會哭，可是後來發現牙醫叔叔人很好，就不怕看牙醫了。當爸媽開始分享自己的想法，孩子就會學著這麼做，慢慢的就會開始將故事與經驗做連結了。

閱讀，不僅僅是讓孩子看完一本書，而是要讓孩子與書中內容產生共鳴，進一步引導他有自己的思考脈絡及想法，讓繪本可以陪著孩子一起成長。

18 看到人都喊「爸」？

小偉是一歲半的小男孩，最近開始很愛說話，只是有個很令人困擾的問題，那就是小偉只要看到男生，全部都叫「爸爸」，這讓爸媽感到超級尷尬！像這樣看到男的就叫爸爸、女的都叫媽媽，有沒有問題呢？

語意「過度延伸」或「延伸不足」

孩子在一歲後，語言學習能力突飛猛進，有時甚至一天就可以學會十到二十個新詞彙。但也因為突然會的太多，雖然可以聽懂，但是與正確使用還有一段很長的距離，需要更多次經驗回饋才能熟練。

孩子在一開始學習時，常會發展出語意「過度延伸」或是「延伸不足」的問題語意。過度延伸指的是，孩子會先用某個詞彙替代所有相似物品，例如用「鞋鞋」替代所有穿在腳上的東西，包括襪子；用「狗狗」替代所有四隻腳的動物，像是看到貓咪或羊都說是狗狗。

延伸不足的意思則是，孩子在使用詞彙時，只把該詞彙局限於某一種意義，而不能接受其他的意義，例如「門把」只能是喇叭鎖的門把，推拉門的門把就不是；「開關」只能是上下按的那種，而不能是旋鈕式的開關；「鞋子」只能是自己穿的那一雙，其他人的都不是。

有些爸媽看到這裡可能會心一笑，因為孩子多多少少都出現過詞彙語意「過度延伸」或「延伸不足」的現象，不論哪一種，在兩歲之前都是正常的現象。

當孩子的「詞彙量」不夠多，就只能借用類似語詞來代替，所以有「過度延伸」的狀況；相反的，對成人來說，功能相同卻看起來不一樣的物品，孩子很難將它們當作同一類，所以會出現「延伸不足」的情況。

當孩子不論看到誰都喊「爸爸」，爸媽別太擔心，這都只是過渡期。隨著孩子對詞彙概念掌握得越來越好後，就會自然消失了。

練習分類概念

孩子開始學說話，爸媽會發現寶貝可以聽懂很多語詞，圖片上的山羊、老虎，甚至連馬來貘都認得。但是到了動物園，看到真正的動物卻不一定說得對，反而看到什麼都說「狗狗」、「啾啾」。

這時孩子常常「一個語詞」走遍天下，所有物品都用同一個名稱來代替。因為需要記憶的新單詞太多，找到共通性來代替，在溝通上比較容易。就像我們剛開始學英文，不也是用car來代替所有汽車，而不會分bus、truck、taxi等不同的詞彙，反正可以溝通就好。直到後來熟悉所有交通工具的詞彙後，才會真正好好運用，不是嗎？

兩歲之後，隨著孩子詞彙量越多，就需要理解「分類」的概念。他們會發現這一堆稀奇古怪的名稱，可以自己給一個統一的名稱，例如有些詞彙是指動物，都是四隻腳；有些是指玩具，是平常在玩的那種；有些是水果，就是那些吃起來甜甜的東西……。在這之後，詞彙「過度延伸」或「延伸不足」的狀況就會越來越少出現。

如果孩子沒有經過這個階段，大腦將不知道如何歸類詞彙，那就好像沒有將書籍分類，所有的書都混在一起亂放的圖書館一樣，要找還不知該從何找起，當需要使用的時候，就更找不到了。

如何讓孩子加速度過這段時期呢？讓孩子學習「專有名稱」可以解決這個問題，例如告訴他們車子有分成消防車、救護車……等等。爸媽不要都只用車子來替代，才能改善「詞彙過度延伸」的問題。

「叫錯稱謂」雖然讓人很尷尬，但是爸爸媽媽不用太緊張，孩子往往需要一些時間練習，畢竟這時他們連男生和女生都還分不清。不用急著讓孩子說清楚所有的稱謂，只要能分辨出「爸爸」和「不是爸爸」就可以了。

語言治療師帶你這樣玩

在寶貝們年紀還小的時候，多跟他們玩一些遊戲，可以大大促進孩子們的語言能力，尤其是在他們剛學習語詞的時候，藉著遊戲讓他們更了解詞彙的意義，並學會正確使用。

玩法一：扮家家酒

爸媽可以準備幾個小籃子，讓孩子將所有盤子放在一個籃子裡；將湯匙叉子放在一個籃子裡；食物放在最後一個籃子。藉由這個過程，孩子自然能學會分類的概念，日後才會幫爸媽整理環境。爸媽也請記得，當孩子放錯時不需要嚴厲糾正，只要拿起來說：「放在這裡，××的籃子。」並讓孩子看到就可以了。

玩法二：類推遊戲

我們可以使用玩偶和圖卡，當然也可以運用扮家家酒裡的小玩具，讓孩子玩一個「類推」的遊戲。對於兩個截然不同的語詞，可能彼此間有密切關聯性，例如職業與交通工具之間的關聯：「警察」聯想到警察車；「消防員」想到消防車；「清潔員」想到垃圾車……。

活動之前，爸媽可以準備兩個動物玩偶，在玩偶前各擺放一個盤子，讓孩子拿不同的食物來餵它們吃，例如兔子喜歡吃蔬菜，所以青菜都要放在兔子的盤子裡；獅子喜歡吃肉，所以牛排、雞腿都要給獅子。透過聯想的過程，可以擴增孩子的詞彙量，也更容易幫助孩子記憶。

玩法三：分辨不一樣

孩子對於相似的物品傾向給予同樣的名稱，爸媽就可以引導孩子觀察，找出物品不一樣的地方。最簡單的遊戲就是從家人來練習分辨不同，例如爸爸有戴眼鏡、媽媽沒有戴眼鏡；爸爸愛喝咖啡、媽媽喝紅茶；爸爸喜歡穿皮鞋、媽媽帶大包包……等等。透過找出不一樣的東西，引導孩子辨認特徵，增強區辨力。

當孩子看到男的都叫爸爸，最簡單的方式不是教孩子學會「稱謂」或分辨出叔叔、伯伯、舅舅、爺爺，而是應該製造一個爸爸的「專屬形象」，更容易讓孩子分辨與記憶喔！

19 一句話都說不好？

萌萌兩歲三個月了，只會說「媽媽，拿」、「要，餅乾」……。但是小她一個月的表妹已經會說：「阿姨，姐姐要吃餅乾。」難道這個年紀的小朋友都應該很會說句子嗎？需要逼萌萌多說話嗎？

從雙語詞到句子

孩子在一歲半左右開始將詞彙連結，大約兩歲左右學會說句子。在這一、兩年間，孩子接收到許多訊息，頭腦就像海綿一樣大量吸收語文知識。他們會嘗試說出詞彙和句子，讓這些知識變成真正屬於自己的東西。

如果到兩歲三個月，已經出現「雙語詞」但是還沒有出現「句子」，爸媽往往只需要稍微引導與鼓勵，讓孩子在兩歲半前開始使用短句。但是假如孩子在兩歲半沒有說出句子，那麼爸媽就要注意了。

什麼是「雙語詞」呢？顧名思義就是兩個語詞，像是「拿・車車」是由「拿」和「車」兩個語詞組合而成的。因為缺少了「主詞」，所以不構成一個完整句子。會說雙語詞的孩子有明確想溝通的行為，只是還沒辦法說出完整句子，這屬於一個過渡的階段。

很多爸媽都會擔心孩子已經不喜歡說話，如果再逼他，會不會更討厭說話。為了避免這樣的情形，在引導孩子時要有技巧。首先爸媽可以注意孩子是否有足夠的詞彙量，因為有詞彙才能變成雙語詞，有足夠的雙語詞後才能延伸成句子。

孩子最初的句子往往是從已經很熟練的「雙詞語」延伸出來的，例如「媽媽・抱抱」變成「媽媽・抱抱・我」，或是將「我・要」、「玩・車車」兩個雙語詞合併為「我・要・玩・車車」。

這樣循序漸進，孩子說句子的能力就會逐漸建立基礎。因此，不是要教孩子新的句子，反而是從原有的語詞作延伸，能學習得更快。

引導孩子說句子的三原則

如果仔細觀察，會發現孩子一開始出現的語句通常有兩種，除了「延伸雙語詞」之外，孩子此時最常做的就是模仿爸媽說的句子。

當有這兩種語句出現時，他們就開始運用「語法」了。這時的孩子開始嘗試用短句來表達想法，如果爸媽不清楚孩子的意思，他們還會加上更多詞彙或動作讓爸媽理解。此時孩子已經開口了，就請爸媽不要故意裝瘋賣傻說聽不懂，那可會破壞孩子努力表達的動機。

在引導孩子說句子時，建議可以掌握以下幾個原則。

首先，當孩子說出來的是短的語句或雙語詞時，爸媽可以幫忙進行擴展、延伸。比方孩子說出「吃蘋果」，爸媽就可以將句子擴展成「對呀，毛毛蟲吃蘋果」、「毛毛蟲吃蘋果，他肚子好餓」。雖然孩子不一定能模仿說出這麼長的句子，但是讓孩子聽到完整語句，可以學習到比較複雜的語法。

再來可以觀察孩子在遊戲時是否會出現「自我對話」的情形。所謂「自我對話」是孩子練習將語言與情境意義做連結，例如吃飯時說出「我在吃飯飯」，此時爸媽可以根據孩子的話語給予修正及回饋！

最後要注意的是，爸媽在跟孩子說話時，可盡量多用新詞語，但要搭配簡短句子。你可能會疑惑：孩子已經可以聽懂很多話，有必要使用短句嗎？不能使用複雜的句子嗎？請爸媽記得，如果句型過度複雜，孩子往往無法駕馭，也就比較難理解爸媽說話的意涵，自然無法好好回覆你。

語言治療師帶你這樣玩

孩子可能會因為「語法」沒有掌握好或「詞彙量」不足，無法說出一個句子，此時爸媽只要多幫孩子把說出來的話加以延伸、擴展成短句，讓寶貝多聽多學，孩子通常很快就能說出完整的句子。爸媽在家中也可以透過以下的小遊戲幫助他們多練習。

玩法一：重複句型常常用

為了加快孩子學會說句子，爸媽在說故事時一定要使用完整的語句，才能讓孩子從中學到「語法」的概念。同時，選擇使用句型重複的繪本是很棒的！例如在《湯姆的服裝店》中，兔子買衣服，要漂亮的衣服；毛毛蟲買衣服，要溫暖的衣服。反覆唸幾次，孩子很快就能學會並說出這樣的句型。

玩法二：不同工作好好玩

這是讓孩子學習大人說話的方式，例如假裝去買東西，由媽媽當老闆，孩子當客人；爸爸可以在一旁引導孩子怎麼說。同樣的遊戲可以多玩幾次，讓孩子學到許多不同的語句、語法及對話內容。

玩法三：看圖說話

這個活動適合用在孩子已經對故事很熟悉的情況。爸媽在說故事時，每一句話後面留一些空白的時間，等待孩子回應。例如讀《好餓好餓的毛毛蟲》時，可以對孩子說：「毛毛蟲吃了蘋果，毛毛蟲還吃了……」這時孩子有可能把故事接下去說。若是孩子要爸媽繼續說，爸媽可以使用問句給予引導，例如問孩子：「誰來了呢？」「他在做什麼？」即便孩子只冒出一、兩個字，爸媽只要將它延伸及擴展，就能促進孩子使用句子的能力。

鼓勵孩子說句子，關鍵不是在於孩子說得正不正確，而是我們有沒有好好聽他說。不用怕孩子說錯而一直糾正孩子，是要順著孩子說的加以延伸，讓他有信心能大聲說出來。

20 只會一直哭，都不用說的

一歲九個月的小栗已經會說話了，但總是指著玩具堆發出「嗯嗯」的聲音表示想要，或是用「哼！」來表示不要。如果爸爸媽媽沒有理解他的意思，不到五秒就會聽到他淒厲的哭叫聲，甚至看到一個小孩躺在地上打滾。爸媽很苦惱，為什麼小栗明明就會說話，但是都不用說的呢？

詞彙不足的表達困難

一、兩歲的孩子，哭的原因千奇百怪，真的讓爸媽很崩潰。孩子用哭鬧的方式來表達是滿普遍的反應，只是有些孩子很快就度過了這一階段，有些卻一直卡在這裡。其實，孩子只是用了最原始的方式來表達他的想法，讓我們從孩子的發展歷程來說明。

最初，小嬰兒只會用聲音來傳達自己的感受。事實上寶寶的哭聲有細微的差異，透過不同哭聲，爸媽可以分辨他們是需要換尿布、肚子餓、生病了或是想找人陪伴。換句話說，最初的一年當中，爸媽和寶貝培養出十足的默契，只要寶寶發出一個聲音，就可以了解他想要做什麼。這時寶貝會認為自己的想法與爸媽的想法是一致的，把爸媽當作自己的另一個部分。

隨著寶貝們長大，想法越來越多，即便再親密的爸媽也很難只憑哭聲來判斷。還好在這個時期，也是寶貝們的「語言爆發期」。隨著他們開始學會說話，並且發現自己的想法可能和爸媽不一樣，而逐漸發展出「自我概念」。換句話說，如果孩子語言能力越好，這樣的陣痛期也就越短！

爸媽和孩子有默契雖然很重要，但過於心靈相通也會有一些小困擾。想想看，爸媽太會猜孩子的想法，只要一個眼神就明白他的需求，那孩子還需要「說話」嗎？如果長時間使用這樣心領神會的策略，寶貝當然容易陷入爸媽一猜錯就崩潰大哭的情況。

當寶貝一歲半了，爸媽請漸漸放下「讀心術」，不要在孩子還沒有表達需求前就忙著滿足他。慢慢試著和孩子建立良好的溝通模式，讓孩子習慣張開嘴來「說」喔！

幫助孩子開口說

孩子明明會說卻只用哭叫來表達，這時該如何因應呢？我們建議三個方式請爸媽試試看：

一、獨立個體

讓孩子了解自己是獨立的個體。這時最好的方式是引導孩子發現每個人的喜好不一樣，比方可以對孩子說：「媽媽喜歡吃蛋糕，你喜歡吃什麼？」讓寶貝自己去察覺原來自己喜歡的和媽媽（或爸爸）有差別。透過這樣的過程來達到理解他人的目的。

二、透過傾聽

在溝通的過程中，不只是說，更要聽。這裡教爸媽一個小祕訣，要讓孩子說話時只需要以下步驟：先蹲下來，加入他的遊戲。

爸媽不要忽略拉近彼此距離的重要性，當我們的目光和孩子在一樣的高度，就傳達出我們傾聽的意願，孩子會更願意說話。再來，孩子正在玩的就是他有興趣的東西，例如他在玩車子，你也拿一輛小車子，自然就有了話題，不是嗎？

三、**避開陷阱**

控制情緒需要精力。有沒有發現人在傍晚時，特別容易情緒失控？幫情緒踩煞車，需要靠強大的意志力才能達成，但偏偏疲勞時最缺的就是意志力。

觀察一下孩子哭鬧的「時間點」，是不是有特定的時段？早上出門時？五、六點要吃飯前？小小孩心裡想的和生理能做的，往往有一段落差，可是他自己沒辦法察覺。

爸媽可以協助孩子規劃好時間，自然就能減少他鬧脾氣的頻率。同樣的，當我們想幫孩子練習說話，也請選在孩子精神好的時候，如果孩子已經打哈欠了，那你再堅持也成效不彰。

語言治療師帶你這樣玩

當孩子發現使用「說話」對傳達意思比較有效、爸媽似乎也更了解自己想法時，孩子就不會用「哭鬧」來表達了。爸媽在家可以透過一些遊戲幫助孩子早點克服這個階段。

玩法一：小火車嘟嘟嘟

請爸媽準備幾輛不一樣的小汽車。當孩子在玩小汽車時，請爸媽選一輛與孩子手中不同的車，並說出：「你的是○○○的車子，爸爸（或媽媽）想要的是×××的車子。」如果孩子聽到後想拿我們手上的，爸媽可以改拿其他的車，並說：「那我想要※※※的車。」在遊戲過程中，孩子就能慢慢察覺到自己與爸媽想要的不同。

玩法二：讓故事角色鼓勵孩子說

讓孩子從他人身上學習到用說的比較有效，孩子就會模仿而改變溝通模式。比方說爸媽可以陪孩子看巧虎的影片或是故事書，當孩子發現巧虎在與朋友或爸媽溝通時都是用說的，自然也學會這樣說話。

玩法三：用問題引導

寶貝們才剛學會說話，還不太能完整表達自己的想法，這時爸媽可以觀察孩子的需求並提問，例如問孩子：「栗栗想要抱抱嗎？」「栗栗肚子餓餓了嗎？」不直接說出孩子的想法而是透過問句，讓孩子練習以簡單的口語回答。這裡有一個「關鍵」，我們在與孩子說話時不使用「你我他」，比方我們說：「栗栗肚子餓餓嗎？」但不說：「你肚子餓餓嗎？」這一個小小的細節，就是孩子會不會回應的關鍵，一定要注意喔！

爸爸媽媽都想給孩子最好的，想了解寶貝的想法，期待第一時間滿足孩子的需求，不想讓孩子委屈而快快樂樂長大。但是當孩子漸漸成長，我們的引導方法也要調整，才能讓他們好好說出自己的需求。

第3部

語言流暢篇

3～5歲

語言，要說得清楚，聽得明白

我們前面提過，對孩子來說，語言是個遙控器。孩子是用語言與爸媽溝通，而非僅僅使用比手畫腳的方法。

經過牙牙學語到會說句子的過程之後，孩子的發展就進入下一個階段。爸媽們這時會發現孩子像裝了勁量電池般嘰嘰喳喳說個不停。如果想用假裝沒聽到的方法獲得一絲清靜，那就大錯特錯了，因為孩子反而會一直喊爸爸媽媽，直到爸媽專心聽他們說話為止。

在這個過程中，「遙控器」接收不靈敏或是發射的訊號有誤，就會發生溝通不順暢的情形。「構音」和「語暢」就是最容易被爸媽注意到的問題。

「為什麼隔壁小一個月的妹妹說話比我家寶貝清楚？」「為什麼我家孩子說話都結結巴巴？一點都不乾脆！」孩子說話不流暢、清晰度不佳，就像遙控器接觸不良，明明要把音量調大卻變成換臺，很容易讓人覺得一頭霧水。這時我們就需要幫孩子微調，讓孩子練習調整呼吸、練習發音動作。

還有一些孩子則是接收卡卡，訊息傳不進去，常常答非所問、雞同鴨講，這是因為他們沒辦法一次接收太多訊號，遇到這種狀況我們反而需要減少訊息量，幫助孩子快速抓到重點。

接下來，我們將與爸媽分享遇到孩子構音、口吃的問題該怎麼辦，也會告訴爸媽如何幫助孩子練習訊息不漏聽，並且能正確回應問題。最重要的是，引導他們用合適的方式與朋友說話，建立良好的人際關係。

孩子不僅要會說，還要說得夠多夠好，並且聽得清楚明白，這樣才能讓他們在未來學習的起點上站穩腳步！

造成構音問題的可能性很多，與其不斷糾正讓孩子說清楚，應該要先找出造成孩子問題的原因，才能有效協助。

三個步驟做確認

孩子的構音不清晰時，我們可以順著三個步驟開始確認並處理：

第一步：聽力有沒有問題？

聽力不僅僅是有沒有聽到，而是聽得夠不夠清楚，因為語音其實分布在不同頻率，可以聽清楚低頻的語音並不代表高頻音也能聽清楚，所以當孩子在學習發音時就會有影響。如果孩子有構音問題，建議爸媽可以先帶去做聽力檢查，以排除聽力方面的問題。

第二步：能否分辨聲音的不同？

確認看看孩子可不可以分辨聲音之間的差異，例如ㄆ和ㄈ。對大人來說，這是兩個不同的符號，聲音當然不一樣，但是對於無法區辨聲音的孩子來說就是一樣的。曾經碰過一個孩子老是把「鳳梨」說成「破梨」，糾正他還會生氣。但是也不能對孩子解釋說ㄆ是雙唇音，ㄈ是唇齒音，這樣一定更難理解。因此當孩子聽不出差異時，爸媽可以使用鏡子讓孩子看看自己的口形和爸媽是否一樣，可以幫助孩子修正唸法。

第三步：說話快慢是否有影響？

如同許多人在聽外國人說話，或許一句一句慢慢說還聽得懂，但如果對方劈哩啪啦說一堆，就會跟不上速度。我們在帶孩子說話時，也要試著放慢語速，說的速度過快，會讓孩子難以接收到正確發聲。

當孩子說不清楚，到底需不需要協助？這需要看嚴重的程度。如果孩子才三歲，一句話中有兩、三個字不清晰，但是可以讓他人理解語意，就不用太過擔心。相反的，一句話中有八成讓人一頭霧水，那麼盡早給予適當的練習與協助是必須的。

語言治療師帶你這樣玩

寶貝說話不清楚，是一件令人困擾的事。這裡我們提供三個小遊戲，讓爸媽可以在家裡帶著孩子一起玩，讓他們進步得快一點。

玩法一：聲音不一樣

準備幾組圖卡標上注音，例如：「拍（ㄆㄞ）」和「拜（ㄅㄞˋ）」；「游（ㄧㄡˊ）」和「球（ㄑㄧㄡˊ）」；「看（ㄎㄢˋ）」和「蛋（ㄉㄢˋ）」……等等，當爸媽說出這些單音時，孩子要趕快選出相對應的圖卡。若孩子無法區辨相似音，可以適當強調一下嘴形，額外給予視覺提示，會有很大幫助。

玩法二：聲音慢動作

一開始先跟孩子說「龜兔賽跑」的故事，讓孩子知道慢慢走和快快跑的差別，然後讓孩子跟著爸媽一起嘗試用不同速度說話，感受不同語速的差異。如果示範「慢慢說」時，孩子無法配合，這時請爸媽站起來示範一下「慢動作」的樣子，讓孩子模仿後再配合動作一個字一個字慢慢說，就像電影《動物方城市》裡面的「樹懶先生」一樣，孩子也會覺得很有趣喔！

玩法三：嘴形模仿賽

爸媽可以帶著孩子在鏡子前一起做出誇張的嘴形，當孩子可以跟著模仿三個嘴形之後就提升難度，例如爸媽連續做出兩個不同嘴形，連著唸「一ㄨ」，看看孩子能不能跟得上。速度越快，難度越高。中班的孩子通常可以連續模仿四到五個嘴形。

「構音障礙」是指說話清晰度不佳，這其中有很多種不同的類型，因此許多爸媽難以理解孩子的困境。在後續的章節將會更詳細說明各種常見的障礙與練習方法。

22 「阿公」都喊成「阿東」

快過年了，又準備帶小唐回外公外婆家！每次回去，小唐看到阿公總是喊「阿東」，接著就會聽到阿公唸著：「誰是阿東？教了這麼久還不會叫阿公！」媽媽平時也常糾正他的發音，但似乎一樣，看他難過的樣子，該怎麼做才好呢？

舌根舌前音化的構音障礙

孩子開始說話後，難免會經過一段說不清楚的階段，比方說「貓咪」變成「ㄚ ㄇㄧ」；「葡萄」變成「ㄅㄨˊ ㄉㄠˊ」，聽起來還怪可愛的！但是如果到了中大班說話還這樣，家長可能就會擔心了。

一般來說，以年紀區分，四歲的孩子可以掌握大部分的發音，四歲之後，孩子說話的清晰度逐漸讓大部分的人都聽得懂，因此像小唐已經四歲還是把「阿公」說成「阿東」，就應該準備接受構音治療。

我們可以根據發音的位置和方法將每個說話的聲音做分類。比方說ㄅ（b）和ㄆ（p）這兩個音，發音位置都被歸類在雙唇音，不過以發音方法來看，雖然ㄅ、ㄆ都是塞音，但是一個有送氣，一個沒有送氣。

我們可以試試看在鏡子前說出ㄅ和ㄆ，說的時候雙唇都緊閉著，而發出聲音前，氣流被唇部這個發音位置完全擋住，所以是塞音；ㄆ又比ㄅ多了氣音，因此ㄆ有送氣，ㄅ不送氣。

以「公」和「東」的發音來說，兩者的發音位置不同，「公」的ㄍ是舌根音，「東」的ㄉ是舌前音，把「阿公」說成「阿東」，就是說話時舌頭位置不正確造成的。我們會說這是「舌前音化」的構音障礙。有的孩子則是把「兔子」說成「褲子」，把ㄊ說成ㄎ，這種狀況就是「舌根音化」的問題。

練習舌頭發音位置的小訣竅

孩子發音不清楚，常讓爸媽感到很困擾，往往會跟孩子說：「來，再說一次。」但不論說幾次，孩子都沒辦法說正確，最後爸媽越教越火大，反而讓孩子更不敢說話。

我們來告訴爸媽兩個小訣竅，幫助孩子解決發音時舌頭位置錯誤的問題。

一、ㄍ、ㄎ加上ㄚ

孩子會把「阿公」說成「阿東」，是因為發音時應該將舌根用力上抬，才能發出ㄍ的音，但是孩子沒辦法做到，所以會變成ㄉ。這時我們可以請他試著把ㄍ的音加上發音位置類似ㄚ的音看看。先慢慢說一次ㄍ，再慢慢說一次ㄚ，感覺看看發出這兩個聲音時，舌頭後面應該會隆起。

說話時，前面的音會被後面的音影響發音位置，利用這個特質讓孩子先練習說ㄍㄚ，反而更容易正確發出ㄍ的音。

二、ㄉ、ㄊ加上一

ㄊ的音是舌尖音，也就是發音時舌頭位置在前面，我們就可以加上「一」這個母音來幫助孩子。說出ㄊ和一時，舌尖部分都會在口腔中比較前面的位置，利用這樣的特性讓孩子練習說ㄊ一，會比單純練ㄊ更快更好喔！

這裡有個小口訣可以送給爸爸媽媽：「ㄉㄊ加上一，ㄍㄎ加上ㄚ，發音沒煩惱！」當孩子有發音的錯誤，不是要他們反覆唸同一個音，而是爸媽應該先了解造成錯誤的原因，才能引導孩子做改善清晰度的練習。

語言治療師帶你這樣玩

如果孩子很會說話，卻一直說不清楚，即使說得再多，爸媽可能都難以理解。這裡提供三個小遊戲，讓爸媽輕鬆幫助孩子說清楚。

玩法一：一起漱漱口

如果孩子沒有辦法發出ㄍ、ㄎ舌根音，那麼，就帶著孩子一起來漱口吧！因為漱口時，為了保護自己不被嗆到，舌根會用力，跟發出ㄍㄎ音的動作是很類似的。爸媽可以先含一口水在口中，頭微微往後仰做出漱口的動作，並發出咕嚕咕嚕的聲音，示範完之後，再換孩子做一次。當孩子漱口時，可以提醒孩子覺察舌頭在後面的感覺，這樣之後要讓孩子練習ㄍㄎ音就比較容易了。

玩法二：我是佩佩豬

這個遊戲也是讓孩子學會舌根音的方法喔！在《粉紅豬小妹》的卡通中，佩佩和弟弟喬治常常會發出「ㄍㄡˊ」的豬叫聲，爸媽也可以和孩子學著發出小豬叫聲。這個聲音需要舌根用力才發得出來。

玩法三：舌頭踢踢踢

這個活動是讓孩子練習發出舌前音的動作。爸媽準備一面鏡子，在鏡子前做出將舌頭往前像是在踢牙齒的動作，再讓孩子跟著模仿。過程中，可以看看孩子是否能靈活的讓舌頭往前活動。

舌根音化與舌尖音化都是因為錯誤發音而導致，只要適時介入矯正，效果都會非常好。如果爸媽不知該怎麼做，可以請語言治療師協助找出錯誤音，逐漸矯正，讓孩子拾回說話的信心。

23 媽媽我要「冰吉淋」

五歲的小雨很喜歡吃零食，常常在下課後吵著買東西吃。「媽媽，我要冰吉淋！」「我要棒棒ㄉㄤˊ！」雖然媽媽都聽得懂，但是每每被店員聽到，在旁邊的媽媽都感到有點尷尬。媽媽一直很有耐心教小雨發出正確的音，但始終沒有改善這問題，該怎麼辦才好呢？

不送氣化的發音障礙

「冰吉淋」、「棒棒ㄉㄤˊ」，為什麼孩子會發出這樣的音呢？把「淇」講成「吉」、「糖」說成「ㄉㄤˊ」，是因為把送氣音「ㄑ、ㄊ」唸成了不送氣的「ㄐ、ㄉ」。

所謂的送氣音，指的是在發出這聲音時，會伴隨著強烈的氣流。當我們把送氣音變成了不送氣音，就叫做「不送氣化」。也就是說話時，舌頭擺放的位置或唇部動作都正確，卻差在沒有氣音出現。

在中文裡，若是將送氣音和不送氣音混淆，容易造成他人對於語句理解的困難。想想看，如果原本要說「翹翹板」但是變成「叫叫板」，「一下下」變成「一架架」，意思是不是差很多？

如果孩子有不送氣化的現象，大人很難猜出孩子想表達的意思。有這樣的構音問題時，要盡快幫孩子練習改善，才不會讓他未來在溝通上感到挫折。

不送氣化的改善練習

幫助孩子解決發音時不送氣化的問題，這裡有三個小訣竅可以試試喔！

一、用氣音說話

有時要讓孩子了解什麼叫做「送氣」不是那麼容易，最簡單的方式就是讓孩子練習用氣音說悄悄話。說悄悄話的時候，自然而然會有比較多氣音產生，就算是不送氣的ㄐ或ㄉ，改用氣音說，氣流量都會變得比較多。

二、將氣音延長

當孩子可以用氣音說話，並逐漸感受到什麼是送氣音之後，爸媽就可以讓孩子試試看將每一個字的氣流延長，例如說「ㄑ～～淇」，這樣孩子就能更快掌握說話送氣的感覺。只是要記得，這時候都還是用氣音在說話喔！

三、**輕輕說話**

在說送氣音時，如果說得太用力，氣音很容易變不見。因此在帶孩子練習時，記得提醒他們要輕聲細語，不要讓嘴巴用力發音。如果孩子不太知道怎麼控制力量，可以讓孩子對著鏡子說話，讓他們清楚看見自己說話時嘴巴有沒有太用力。另外，爸媽可以選擇一些比較簡單的送氣音讓孩子練習，像是「批（ㄆㄧ）」、「皮（ㄆㄧˊ）」、「踢（ㄊㄧ）」等等，讓他們練習使用上述兩個小訣竅，倘若很快就能掌握送氣音的氣流，就能改善送氣音說不好的問題。

這裡有個小口訣送給爸媽：「送氣用氣音，氣音要延長！」

孩子有構音問題時，只要找到錯誤的原因，用對的方法按步練習，就能有所改善。

語言治療師教你這樣玩

孩子有不送氣化的狀況，除了口頭教學之外，我們也能給予其他感覺的回饋，讓孩子學習得更快。可以用以下三種方式來讓孩子輕鬆學發音。

玩法一：吹衛生紙

氣音是什麼？用看的就知道！爸媽先準備一張面紙，撕成一長條備用。請爸媽示範將長條衛生紙拿在嘴巴前，並說出「ㄑ」的音，這時因為有氣流，衛生紙就會飄動，接著再將衛生紙拿到孩子嘴巴前，讓孩子試著說看看。當氣流變成具體的視覺線索，孩子就更容易掌握技巧了。

玩法二：手背吹氣

這是利用觸覺給孩子提示。在練習送氣音時，爸媽可以抓著孩子的手放到自己嘴巴前，一樣說出「ㄑ」的音，這時孩子的手背會好像有風吹過的感覺，再將孩子的手放到他自己的嘴巴前，讓他試著說看看。

玩法三：「ㄑ」的練習

當孩子開始有發出「ㄑ」氣音的能力時，就可以讓孩子試試這難度較高的活動。爸媽先延長「ㄑ」的氣音兩秒，再逐漸變成有聲音的「ㄑ」，看看孩子能否正確模仿。

構音練習，有時用文字說明對孩子來說會太過於抽象，如果能將這些練習活動具體化，孩子就會覺得簡單易懂，反而事半功倍，學得更好。

24 孩子有口吃嗎？

晏晏是個不愛開口的小男孩，因為一說話就會「我……我……我……」，有時提醒他說慢一點，又好像好一點。上幼兒園後他更少開口，讓爸媽非常煩惱。一來擔心晏晏是不是因為口吃沒自信，二來擔心晏晏的妹妹會模仿他，真是不知道該怎麼辦才好？

是說話不流暢還是真的口吃？

不只是孩子，即使是成年人，在緊張時刻也很容易講話吃螺絲，一句話說得結結巴巴的。想想看，當你突然被邀請上臺致詞，是不是也會這樣支支吾吾，說話不流暢？一般人只要壓力解除，就會恢復正常。因此「口吃」並不只單純是生理功能上的問題，也包含了心理情緒上的問題。

「口吃」是一種通俗的說法，在醫療上稱為「語暢問題」，也就是說話的流暢度有狀況，出現不自主的重複、延長、中斷等現象。在說話時，氣流受到中斷或干擾，簡單來說就是「說話」和「呼吸」的調節不好，造成不流暢的問題。

因此，和我們想像的不同，語暢其實和「呼吸」有關，而不是嘴巴內的動作不協調所致。在臨床上，「語暢」可以分成三種情況：

一、重複字詞

孩子說話時，會重複同一個字或詞，例如「我……我……我……想要出去玩！」或是「我的肚子……肚子……肚子……好餓」。有些孩子每次重複的字詞都不太一樣，有些則是碰到固定某個字詞就一定會重複，爸媽可以多加觀察。

二、延長聲音

某些字詞的音會被拉得很長，但是沒有停頓，例如「妹——妹跌倒了」、「我——我想要吃飯」。因為沒有明顯重複某個字詞，不像一般人印象中的口吃，這種情形反而比較容易被忽略。

三、不當中斷

在說話時，很像是說到一半不知道要說什麼而停了下來，例如「我要去公（停頓）園玩」。有些爸媽會以為是孩子說話不專心，所以常常說到一半就停下來，但其實這樣也是一種不流暢。

當孩子說話不流暢時，請爸媽仔細分辨是哪種情況。如果孩子有以下三點任一狀況時，就會建議盡早評估。

- 不流暢的頻率過高，或是不流暢的情形持續超過半年。如果每一句話都會重複，或是一個字詞會重複三次以上，都算頻率太高。
- 說話時出現附屬行為。有些孩子會出現眨眼、跺腳……等行為。這是孩子錯誤的認為這些行為有助於他們將話說出口，是需要注意的。
- 影響孩子的動機或意願。有些孩子因為說話不流暢，乾脆逃避回答問題，那樣很容易影響學習表現，建議盡早開始訓練以避免影響自信心。

孩子說話不流暢時的注意原則

在孩子兩歲半至三歲時，有一小段時間會出現說話不流暢的現象，就是所謂的「發展性不流暢」。這是因為孩子在這時期詞彙量大幅增加，同時也學習到許多不同的語法，導致大腦還在思考，但是嘴巴已經開始說話，因此出現結巴的情況。換句話說，也就是「嘴巴動得比大腦快」，這點特別常發生在小男生身上。

其實當孩子說話不流暢時，自己也會很緊張。爸媽千萬不要打斷孩子，也不要急著去猜測孩子想說什麼。但這時應該怎麼做呢？可以注意四個原則：

一、**耐心傾聽**

有耐心的聽完孩子說的話，不要催促他們，也不要因為他們說得斷斷續續就分心去做別的事情。在對話時要讓孩子感受到爸媽很專心，而且對他們的話題有興趣，這點很重要！

二、**鼓勵孩子**

孩子說話不流暢，請不要一直問：「然後呢？」可以在孩子回應時，注視孩子，微微點頭，表示鼓勵，降低孩子的緊張感，讓孩子可以繼續把話說完。

三、**放慢語速**

當孩子說話不流暢是因為說得太快時，切記避免直接對他說：「你說得太快了！」而是在互動中，爸媽先將自己的說話速度放慢，讓孩子能學著放慢語速。

當然，有時要爸媽一下子放慢語速有點困難，這時建議爸媽可以每天固定選擇一個時段提醒自己「放慢」速度與孩子說話，這樣會比較容易做到喔！

四、調整說話和呼吸的節奏

說話不流暢與呼吸有關，而孩子很難察覺到自己的說話與呼吸是否搭配得宜。比方說，孩子會一口氣將一句很長的話說完，如果中間感覺沒有氣了，就會突然停下來或是更加急促的把剩下的話說完，不論是哪一種方式，都會影響到流暢度。這種狀況下，爸媽可以帶孩子進行朗讀，讓孩子學習在正確的地方斷句、換氣，幫助他說話流暢一些。

當孩子說話不流暢時，先讓孩子感受到爸媽和環境的友善態度，他們才會更願意面對自己說話的問題，並且願意試著改善。

語言治療師帶你這樣玩

爸媽除了使用正向的態度與孩子對話之外，還可以玩三個遊戲來幫助孩子改善說話斷斷續續的狀況。

玩法一：朗讀小短文

掌握「韻律」及「節奏」可以有效改善孩子說話的流暢度。爸媽要記得，「朗讀」不是讓孩子自己「唸讀」，爸媽可以先讀一句，再讓孩子跟著唸，例如：「班班不喜歡吃青菜，他不喜歡紅蘿蔔，也不喜歡青豆。」讀的時候有兩個小技巧要注意，一個是要邊讀邊指著文字和標點符號，再來是要一次讀一句，讓孩子知道哪一個字讀完後該停頓，哪一個地方不用停。

玩法二：卡祖笛

卡祖笛和一般笛子不同，如果用吹氣的方式不會發出聲音，用哼歌的方式才會有聲音。爸媽可以讓孩子使用卡祖笛練習哼歌，藉由節奏來改善流暢度。可以選擇孩子喜歡的歌曲，鼓勵他們哼唱，雖然聲音可能不太清楚，但沒有關係，因為重點是在哼出音樂喔！

玩法三：傳聲筒

當孩子不太敢開口說話，讓孩子幫忙傳遞訊息是一個很好的練習活動，孩子可以不用自己思考要說什麼，只要把剛剛聽到的句子重複說給別人聽就可以了。

爸媽可以請孩子幫忙傳話，傳話的句子不要太長，大約六到八個字的句子最好，太長有可能孩子會記不起來而感到失敗挫折。

孩子在學習語言的過程中，難免會有說話不流暢的情形。陪他們聊聊，耐心鼓勵與回應，會讓他們更願意放心說出口。如果孩子說話不流暢的情形超過半年，而且有出現其他行為，就會建議爸媽趕快帶孩子尋求語言治療師的協助喔！

25

孩子常常自言自語

小柏的記憶力超強又愛看卡通，不論是汪汪隊、佩佩豬、救援小英雄等卡通歌都可以琅琅上口。但有時小柏會自言自語說不停，雖然很佩服他的記憶力，但是在外面和其他小朋友玩的時候也這樣，真的讓爸媽有點擔心。這樣能和其他孩子玩得起來嗎？

自言自語的不同階段

「自言自語」很容易讓人聯想到「自閉症」，也就是「鸚鵡式仿說」，但兩者並非全然相等，重點是要看孩子會不會看人。如果孩子會自言自語，但是可以看著你的眼睛說話，就不需要太過擔心。

孩子在不同時期會有不同形式的「自言自語」，讓我們來一一認識。

第一階段是兩歲左右，孩子正處於「語言爆發期」，對於反覆出現的語句特別有興趣。像是《可愛巧虎島》或《愛探險的朵拉》等卡通都是藉由大量重複歌曲與動作，讓孩子反覆記憶到如同反射動作般琅琅上口。有大量重複語句的節目，就會讓此階段的孩子深深著迷，甚至廣告詞他們也會背上一、兩句！

第二個階段在三、四歲時，孩子開始進入「想像遊戲」階段，例如愛玩「扮家家酒」。在遊戲時他們因為過度旺盛的想像力，會對著布偶說話，雖然看起來像是「自言自語」，但其實是孩子在玩遊戲。甚至有些孩子會有「想像中的朋友」或是幫自己心愛的玩具命名，連吃飯都要幫玩具準備一份碗筷，這種情況通常在四歲半以後會自然消失。

第三個階段在五歲之後，由於「衝動控制」正在發展，孩子知道做之前需要先想一想，但是大腦只控制手腳的動作，卻來不及顧到嘴，於是就會有把心裡話說出來卻不自覺的情況。因此孩子只要「說的內容」和「手上在做」的事情有關連性，爸媽就不用太擔心。這種情況通常在九歲前會消失。

幫助孩子連結生活經驗

「自言自語」通常會經歷一個轉化過程，孩子一開始是想到了但說不出口，轉變成一想到就脫口而出，再進一步就可以把話放在心裡說。這每一個階段都是必須的，不可以輕易跳過。

但如果孩子太常「自言自語」，也會讓爸媽覺得很尷尬，特別是在家族聚會時超有壓力。這時我們不建議爸媽用高壓策略讓孩子閉嘴，一來會讓他變得不敢說；二來會抑制孩子計劃思考的發展，以後變得比較被動或拖拖拉拉。

這時我們可以使用三個策略讓孩子盡快減少「自言自語」的表現：

一、轉化自言自語

因為語言爆發而出現自言自語時，爸媽可以幫孩子「過濾」資訊來源，引導孩子模仿語句要符合「生活情境」，進而達到將「自言自語」轉化成有意義的對話。此時就會建議讓孩子看《可愛巧虎島》這類的卡通，比較貼近孩子的生活。

二、幫孩子找朋友

有些孩子會自言自語，是因為有「交朋友」的需求，其中扮家家酒的角色扮演更是孩子跨出人際互動的一大步。這與孩子是否感到孤單沒有關連性，反而更像是一個模擬器，讓孩子去練習如何和別人說話，直到他可以鼓起勇氣去找到朋友為止。因此，請幫孩子找一個一起玩的朋友吧，當孩子有「真正的」朋友時，自然也就不需要「一人分飾兩角」自言自語了。

三、練習計畫事情

孩子藏不住祕密，往往會不自覺將想法脫口說出，特別是碰到新問題時，這種一邊做事一邊說話的情況就會更明顯。這時我們可以多帶孩子做「預習」，還有「事先計畫」。建議從生活中 的小事來練習，例如天氣冷了出門要準備什麼？去動物園要帶什麼？讓孩子事先多想想看，當計畫能力變好，就不用透過「說出來」幫助思考了。

語言治療師帶你這樣玩

當爸媽聽到孩子在自言自語時，難免會擔心孩子老是活在幻想中，或是其他小朋友覺得他很怪。其實絕大多數孩子都有這樣自言自語的階段，只是持續的時間長短不一。爸媽可以運用一些小遊戲來引導，讓孩子更快度過這個階段。

玩法一：我會說故事

這時可以鼓勵孩子自己說故事。孩子如果只能說出片段，沒有頭尾，很容易讓人覺得是在自言自語。爸媽可以引導孩子看圖說故事，說不出來的部分，爸媽幫忙補充。當孩子可以說完一個故事，就不會讓人覺得是在自言自語。

玩法二：請朋友來作客

孩子在四歲後會開始想要認識新朋友，爸媽可以鼓勵並帶著孩子主動去認識其他人，從簡單的揮手或說聲嗨開始。接下來可以幫孩子詢問小朋友可否一起玩，讓孩子了解如何與新朋友互動並學會邀請朋友。孩子不會一下子就學會自己交朋友，這時需要爸媽的陪伴及引導。爸媽只要幫他們說出來，打破當下的緊張氣氛，之後孩子們玩在一起就沒什麼問題了。

玩法三：整理小包包

爸媽可以讓孩子整理自己的包包。例如在出門前爸媽可以問孩子要帶些什麼，讓孩子思考並準備用品。接著告訴孩子準備的順序，比方說應該先拿手帕、外套，因為都放在房間中，最後拿水壺，再一起把物品放進背包裡。孩子如果在生活中常常被爸媽引導並練習計畫事情，當他之後需要自己完成一個目標時，就不會一直靠自言自語提醒自己。

孩子自言自語的狀況，需要的不是禁止，而是讓孩子的對話符合情境。我更喜歡引導孩子學會唱歌，畢竟同樣是動嘴，一直自言自語會讓人覺得怪怪的，但是唱歌卻讓人覺得可愛，不是嗎？

26 孩子老是答非所問

芸芸是一個中班的小女孩，從早上一起床之後，嘴巴就沒有停過，一直說不停，卻又常常答非所問。像是老師問她：「今天早上誰帶你來上學？」芸芸卻回答：「我早上吃了草莓蛋糕。」搞得老師滿臉問號……為什麼芸芸會這樣雞同鴨講呢？

確認孩子是否理解他人的話

「答非所問」是每一個孩子都有可能出現的問題，特別是孩子正在專心做事的時候，例如看卡通時爸媽突然和他說話，就常常會答非所問。如果是這種狀況，爸媽就不需要擔心，即使換成大人也會如此，頻率不要過高就好。

相反的，如果孩子明明眼睛就看著你，好像很認真在聽你說話，卻依然「答非所問」，這樣爸媽就要注意了。我們可以從三個方面來分析看看孩子是否需要適當的練習。

一、**只是在背誦**

爸媽們一定要記得一點：孩子會說話，不代表孩子聽得懂，特別是有些記憶力超好的孩子。他們常把爸媽說過的話掛在嘴邊，看起來口齒伶俐，但其實不了解意思，只是把聽過的話背下來，並隨意說出口，當然這樣就容易出現答非所問的情況。

二、**抓錯關鍵字**

在對話中，我們會聽到許多訊息，需要經由大腦分析與處理，才能了解意思並給出回應。但如果孩子的「聽覺記憶」還不夠長，無法將這些語句都記住，只能靠運氣去「抓重點」，當然很容易雞同鴨講。例如孩子聽到「爸爸和媽媽昨天去公園散步」這句話，只抓到了「媽媽去散步」這幾個字，就會誤會意思，吵著說他也要去散步。也因為常常抓錯關鍵字，造成孩子的表現時好時壞，往往會被誤認為是個性不好。

三、**急著要分享**

孩子的思考多半是以自我為核心，即使面對大人的提問，也會因為過於想要表達自己的言語而答非所問。對孩子來說，這時的重點並不在「聊天」，更像是把自己想說的話說完，所以不會去聽爸媽在說什麼。爸媽可以當一個好的聆聽者，等孩子說完以後再詢問，反而更容易與孩子溝通。

幫助孩子學會好好應答

當孩子學會說話後，總喜歡東說一句、西說一句，從今天吃了什麼、在學校跟誰玩、玩了什麼……都是他們分享的範圍。但是當你還想詢問細節時，孩子卻說不知道，把爸媽搞到一頭霧水。其實只要用三個方式，就可以引導孩子做出適切的回答。

一、**長話短說**

年紀不同的孩子，一次可以理解的訊息量是不一樣的。爸媽們不用擔心自己沒有把「道理」說清楚，可以先把話變短、說重點，讓孩子聽得進去，這樣他們比較能理解，也會減少答非所問的情況。

二、再說一遍

聽覺記憶廣度比較短的孩子，爸媽可以用兩個方法來協助：一是把問題再說一遍，讓孩子再聽一次；或是請孩子把問題複誦一遍，確定他記得的是正確的。至於選擇哪種方式，要看孩子個別差異，有些孩子很怕做錯事，使用第一個方式就比較適合。

三、看著眼睛說

孩子專注做事時，常常會忽略身旁的事物，當你提問時，他們常常沒有察覺到，等到發現時也只聽了一半，就只好胡亂回應。建議在跟孩子說話時，走到孩子旁邊，蹲下來並輕拍他，讓他的眼神回到我們臉上後再說話。

對話是一種交流，要先接上線才能互通。如果孩子常常答非所問，那就代表我們必須換個方式來溝通，而不只是提高音量而已。

語言治療師帶你這樣玩

答非所問的原因雖然很多，但是爸媽不用太擔心，在家裡可以用幾個小遊戲來幫助孩子練習。

玩法一：請你跟我這樣「說」

遊戲進行時，爸媽把繪本上的字句讀出來，孩子聽完後重新複誦一次即可。請記得，不要讓孩子看到繪本的內頁喔！在遊戲過程中，如果孩子沒辦法完全說出一樣的句子，爸爸媽媽可以視情況調整句子長度。通常四歲左右的孩子可以複誦大約六到八個字的句子；五歲左右可以說出八到十個字。爸媽要注意的是，如果孩子試著複誦超過三次仍然不成功，就請跳過，選擇其他句，避免孩子太過挫敗，而失去練習的意義。

玩法二：動物心臟病

準備大約六種動物圖卡，每種圖卡各五張，在遊戲開始前先決定好動物的順序。遊戲開始後，一邊翻牌的同時照順序喊出動物名稱，如果翻出的卡片跟我們喊的名稱一樣，就要拍卡片，最慢拍的人就輸了。這個活動可以讓孩子練習除了用眼睛看，也要用耳朵聽，以免常常只看眼前而忽略了他人的聲音。

玩法三：故事接龍

故事接龍可以讓孩子練習注意聽我們說話，同時練習聽懂我們說的話。遊戲過程中，孩子必須隨時注意在什麼時間點停下來換人，而且要說的符合情節。在進行這個活動時，記得先從孩子熟悉的故事開始，由爸媽先開頭，然後再換孩子說，就這樣輪流把故事說完。過程中如果孩子無法接下去，或是出現內容前後矛盾的狀況，爸媽可以給予提示讓孩子順利完成故事喔！

答非所問，可能卡到的不是表達，而是聽話的能力有狀況，所以更需要爸媽多點耐心，運用一些小技巧來協助孩子改正。

27 有聽沒有懂，怎麼辦？

小松三歲半的時候，遇到每一個人跟他說話，他都笑而不語。雖然有時會突如其來的爆哭，但因年紀還小，家人和老師都覺得可能是太害羞了。但是小松今年要升上大班了，狀況依然如此，爸媽都不知道該怎麼辦才好……

有聽沒有懂的可能原因

現在家庭孩子生得少，和同齡孩子一起玩的機會不多，等到孩子上幼兒園後，爸媽有時會覺得孩子的表現跟在家中不一樣。通常我們會先考慮適應度方面的問題，需要觀察一陣子。

但如果排除「適應問題」，孩子依然有認真聽卻沒反應的情形，爸媽就要提高警覺了。這是因為「聽到」和「聽懂」並不一樣。讓我們來了解孩子有聽沒有懂的原因。

一、語句太過複雜

要記得依照孩子的年紀來調整我們的說話方式，如果大人每次說話都說得很複雜，孩子根本難以理解，他們會選擇把耳朵關起來，自然就越來越聽不懂。相反的，適時「縮短語句」，直接告訴孩子解決的方式，反而更有效果。

二、背景聲音干擾

聽覺太敏感，也會影響聽話的能力。我們的大腦可以自動過濾噪音，才能讓我們聽到彼此的對話。如果孩子無法有效區辨「噪音」，通常在家裡不容易被發現，但是換到學校這樣吵雜的環境時，就會出現搞不清楚要聽什麼的困擾。這也會導致孩子無法專心在老師說話上、無法配合指令，而且做事都慢半拍等狀況。

三、聽得懂說不出

有聽卻沒有反應的另一個可能是「回應太慢」。有些孩子乍看之下好像什麼都聽不懂，但是多花點時間等待，他其實是會回答的。只是這個反應的時間超過社會約定，就像我問你好不好，你不能五分鐘後才回答一樣。這些孩子常常是問他一個問題，他需要花二十秒才能支支吾吾說出一點內容。這種狀況的關鍵是卡在語言表達上。我們可以先教孩子一些符合社會期許的回應：「我想一下。」或說：「我知道了。」反而可以讓孩子爭取到一些思考的時間。

孩子有聽沒有懂，不一定是聽力問題，也不是孩子不夠聰明。讓孩子先培養語言表達能力和組織速度，反而能幫孩子改善問題。

協助孩子聽得懂、學得快

孩子在家裡與家人互動，因家人不多，相對單純許多，通常可以透過手勢和表情這些額外訊息，孩子也可以幫助猜想與判斷大人的意思，即使聽不太懂也可以猜到六七成。但是在學校這類團體生活中，卻會影響到學習效率，甚至是人際互動方面。

我們可以依照上述可能的原因，一一來協助孩子容易聽懂，才能學得快。

一、換句話說

如果一個三歲孩子收玩具時用丟的，我們再有耐心的對他說：「你這樣整理玩具好大聲，媽媽的耳朵不舒服，試試看用放的，用放的聲音比較小，玩具也不容易毀損。」基本上孩子聽完一定還是用丟的，因為這段話對三歲孩子來說已經長到像是一篇小閱讀測驗了。你只要這樣說：「輕輕放。」孩子反而容易聽懂。直接說出重點句，孩子才會清楚知道該做什麼。

二、**善用提示**

在吵雜環境裡，孩子經常因為過多的噪音干擾影響他們的聽覺理解能力，此時我們可以用一些視覺或觸覺的協助，例如在孩子面前揮揮手或輕拍孩子，讓他知道我們在和他說話，練習把注意力放在我們的對話上。

三、**提升表達效率**

就算聽得懂，但是回應速度不快或不會表達，也很容易被誤會成是「聽不懂」。有些孩子表達能力不佳，所以害怕回答。爸媽先給孩子多一點等待回應的時間，如果他們可以回應，就要增加讓孩子練習說的機會，反而更有幫助。

語言治療師帶你這樣玩

爸媽可以先找出聽不懂的原因，再用幾個遊戲引導孩子練習，逐步幫助孩子了解並融入環境。

玩法一：小小幫手

多讓孩子聽指令動手做，也能提升孩子的理解力。在陪孩子玩遊戲時，爸媽只要動動嘴巴就可以了，像是跟孩子一起玩火車，就跟孩子說：「爸爸想要玩盒子裡的火車。」若是要進行親子共讀，可以請孩子將媽媽指定的書本拿來，用這樣的方式盡可能讓孩子聽完後去完成動作。如果這樣對孩子說了兩三遍，他還是沒辦法正確完成，爸媽可以親自帶著孩子做一次。

玩法二：背景音樂來幫忙

在家裡播放一些輕柔音樂，讓孩子可以學習如何忽略背景音樂，將注意力放在與爸媽的對話上。當孩子可以不受輕柔音樂干擾後，爸媽可以把音樂換成有人聲的歌曲試試，能變得更有挑戰性。

玩法三：倒數計時

由於語言表達太慢，很容易被當作是聽不懂。這時爸媽可以先準備簡單的

「故事圖卡」，圖片內容與日常生活有關，再準備一個碼表計時。讓孩子先抽一張卡片，在三十秒內說出卡面上的內容，例如：姐姐去上學、媽媽在廚房做蛋糕……等等，如果可以在時間內說完就得到一分。之後再縮減秒數到十五秒就差不多囉！

有聽沒有懂的原因比我們想像的多，不是等待孩子長大自己就會好，需要家長陪著孩子一起練習，幫助孩子度過這個關卡。

28 動手比動口還快

四歲的嘟嘟在學校都沒有同學要跟他一起玩。為了加入同學的遊戲，他看到小朋友把城堡用積木蓋好後，就衝過去推倒，並大喊：「我是推土機！」同學超級生氣的，但是嘟嘟卻覺得莫名其妙，只是想要一起玩，為什麼同學要生氣呢？

「語用不佳」影響人際互動

孩子在兩歲前多是以「單獨遊戲」為主，只在意自己眼前的玩具。到了三歲，此時孩子處於「平行遊戲」階段，和他人可以各自擁有相同的東西，但是各玩各的沒有交流。一直到四歲以後，孩子才真正進入「合作遊戲」階段。

剛開始加入團體遊戲，孩子會因為「社交技巧」不成熟導致無法加入遊戲，這時可能會出現一些「調皮搗蛋」的行為，像是去碰別人玩具、故意推拉別人……等，吸引別人注意。這些看似不受歡迎的行為，卻可以讓人追著他跑，反倒讓孩子覺得開心。他們的問題是不知道如何說出口，或是說出的話與情境不符合，讓其他孩子不了解，當然不想跟他玩了。

語用不佳最常影響孩子的學習和社交人際互動，因為語用不佳，讓孩子在以下三種情況下卡關：

一、不懂得要輪替

很多爸媽會覺得很奇怪，孩子明明超愛講話，怎麼會交不到朋友呢？如果孩子常一打開話匣子就說個不停，都不給別人說話的機會，那麼其他孩子就會覺得自討沒趣而離開。溝通互動都是雙向的，因此這樣的孩子會比較難和其他小朋友玩在一起。

二、不會邀請別人

孩子必須學會「加入」遊戲才能和朋友一起玩，最常使用的開場方式是自我介紹，或說些別人有興趣的話題。但是如果你說的內容不恰當，或是沒說話就直接加入遊戲中，就會讓人感到不舒服與唐突，也不容易融入團體。

三、**不會團體討論**

在兒童遊戲中往往需要許多討論，以及分工合作，就像大家要拿一個紙箱子當公車，有人要去準備畫筆，有人去找盤子當輪胎，有人拿膠水……每個人負責的事不一樣。如果孩子還在狀況外，一直聊些跟討論無關的事，不僅會影響團體遊戲進行，還有可能造成有挫敗感。

提升語用能力

孩子到中班之後開始學習建立人際關係，學著與朋友討論、協調，並且練習想辦法說服別人來配合自己，也要練習如何配合別人，這時溝通能力就很重要。

孩子的人際關係好不好、有沒有好朋友，並不是想不想，而是做不做得到的問題，特別是孩子「語用能力」不佳的時候。想要提升孩子的語用能力，有三個方法可以試試：

一、**練習提問**

孩子不知道如何邀請朋友，其實是不知道如何「詢問別人的想法」。如果孩子總是直接做，都沒有「詢問」的經驗，在學校和同學交流時就會不知道如何

「提問」。可以引導孩子在做事前養成先徵詢他人同意的好習慣，自然比較容易交到朋友。

二、維持話題

維持話題的能力不佳通常有兩個原因，一種是孩子思緒過快，在對話中常會出現「跑題」的情況；另一種是孩子對於其他孩子熟悉的「主題」缺乏經驗。這時爸媽需要做一些功課，先了解目前孩子之間的流行話題，在家與孩子一起討論，可以幫助孩子和朋友聊天時做適當而準確的回答。

三、問題解決

有些孩子被「拒絕」後不知道該怎麼辦，就會出現破壞遊戲的行為。在團體生活中，每個人都有自己的想法，不可能每一次別人的「答案」都和自己想的一樣。如果孩子在生活中碰到問題，爸媽可以先與他討論可行的解決辦法，一旦孩子在學校有狀況，自然會想方法解決問題，而不是只用鬧情緒的行為做回應。

多問、多想、多動腦，孩子透過主動提問，並從爸媽的回應中模仿與學習，自然就能漸漸理解如何適切說話，順利的參與遊戲和與他人互動。

語言治療師帶你這樣玩

生活中處處需要溝通，哪些活動可以讓孩子練習到語用能力呢？以下介紹三個小活動：

玩法一：企鵝敲冰塊

生活中有許多遊戲可以帶著孩子練習輪流，像是「企鵝敲冰塊」就是一款非常適合的桌遊。記得，在遊戲中，我們只要拿出一隻槌子，在輪流的過程中藉由給槌子當作提示，孩子就能知道換誰囉！

玩法二：主題討論

爸媽要先了解孩子的興趣並花時間參與，比方說孩子喜歡寶可夢，爸媽可以一週選擇一天與孩子討論寶可夢或帶孩子出門抓寶，在過程中也能針對不同的角色做討論。討論過程中，孩子可以與爸媽練習輪流分享以維持話題，避免孩子沒有反應或只顧著講自己想講的，幫助孩子養成維持話題的能力。

玩法三：動動小腦袋

孩子在碰到新事物時，會沒辦法立即想出解決問題的方式，爸媽可以幫孩子先設計幾種平常比較容易遇到的情境或狀況，讓孩子碰到問題時，可以更快找到解決方法。善用各種不同的繪本來增加孩子解決問題的能力，例如看《我變成一隻噴火龍了！》，可以與孩子討論怎麼幫阿古力滅火，而不是直接告訴孩子答案。藉由動動腦想辦法，增加孩子問題解決的能力。

孩子不是愛作弄別人，更不是喜歡破壞遊戲，很可能是找不到如何加入遊戲的方法。爸媽不用只和孩子講道理，而是讓他們學會邀請和提問，才能有效的幫助到他們喔！

29 愛鬧脾氣是表達能力的問題？

四歲的小凡去上故事課，上課時很認真，聽完故事後的畫畫活動也很努力，時間到了還畫不停。要回家時，走到教室門口的他突然轉身，對小朋友大吼大叫，然後衝向媽媽拳打腳踢。沒人知道發生什麼事，媽媽只能尷尬的抓著他說：「不生氣，好好說……」然後趕快帶離現場。為什麼小凡會像「不定時炸彈」這樣情緒爆發呢？

情緒控制與表達能力

孩子常常亂發脾氣，一哭就停不下來，其實不一定只是情緒出狀況，還有一個因素也需要考慮，那就是語言方面的問題。有些孩子無法正確表達自己的感受，所以做出過度誇張的行為，讓人誤認為是脾氣暴躁。再加上當下的情緒不被理解，既委屈又沮喪，最後就一發不可收拾。

如果孩子可以正確表達感受，就不容易生氣。只是在孩子能適當表現情緒之前，還需要有「情緒覺察」、「情緒理解」、「情緒調節」的能力。

「情緒覺察」指的是孩子能不能注意到自己或別人的情緒，並且適當分辨情緒，同時還要具備足夠的「情緒詞彙量」。當孩子眼眶泛著淚光、充滿委屈的看著你，嘴巴吐出來的卻是「我好生氣」，大人一定會摸不清楚頭緒，孩子會將所有不開心的感受都過度詮釋為「生氣」，當然就很容易被人誤解。

「情緒理解」則是孩子可以了解他人情緒產生的原因。如果我們已經知道對方在生氣，通常會推論原因想出解決方式。如果孩子在解讀情緒原因上出了狀況，無法給出適當回應，就會讓人覺得很「白目」。

「情緒調節」指的是孩子可以運用策略改變自己的想法或情緒。當情緒被誘發出來，可以自己決定要生氣或是要離開現場。我們必須預期自己行為的後果，才能做出最適當的反應。孩子通常要等到五歲，這樣的能力才會慢慢發展出來。

「情緒表達」是使用表情、肢體動作、口語表達來傳達自己的情緒。隨著孩子年紀增加，越來越善用語言傳達情緒，並且隨著能力增長，能說出更多複雜的情緒。相反的，如果孩子一直使用誇張的「動作」和「表情」傳達情緒，這樣過度強烈的反應會讓人覺得有「威脅性」，很容易被視為是壞脾氣的孩子。

幫助孩子說出感受

研究顯示，孩子的情緒控制能力與四歲時的語言表達能力有密切關連。如果孩子能說清楚自己的慾望，並具有協商與溝通的技巧，就比較不會鬧脾氣。

所以說，不是孩子的個性有問題，重要的是能不能說得讓人聽懂，否則即使是「忍耐」，也會像壓力鍋一樣有爆炸的一刻，到時候要處理就更困難了。如果孩子的情緒像個「不定時炸彈」，我們需要做的不只是包容，更要幫助他培養說出感受的能力。我們可以試著這樣引導：

一、**分享情緒**

情緒的發展一開始只有「開心」和「不開心」，隨著年紀的成長，會分化出傷心、羨慕、憤怒……等複雜的情緒。爸媽在家裡可以多和孩子分享生活上的事，透過分享心情讓孩子認識更多種情緒，孩子自然就會漸漸明白與理解。

二、**準備小禮物**

孩子非常單純，覺得自己是世界的中心，不善於察覺別人的感受。爸媽可以協助孩子多觀察與注意他人，準備禮物就是個好方法。像是媽媽喜歡吃蛋糕、爸爸喜歡喝咖啡，每個人喜歡的不一樣，透過這樣的觀察，讓孩子注意別人的喜好與感受。當孩子學會讓別人「開心」，自然也會尊重他人。

三、**第三人稱練習**

引導孩子情緒有個小技巧，就是讓孩子透過「第三者」的角度看事情。像是問孩子：「如果巧虎想玩那輛車，會怎麼做？」因為主角不是自己，與自己無關，孩子能夠放心把想到的方法說出來，再藉機鼓勵孩子做出適當的行為。

語言治療師帶你這樣玩

一個會說故事的人，往往比一個擁有豐富知識的人更能說服別人。因此讓孩子學會說對話、說好話，是讓孩子擁有好脾氣的一種方法。這裡我們可以透過一些小遊戲來協助孩子練習掌握情緒。

玩法一：情緒圖卡配對

爸媽可以將自己和孩子的各種表情拍下來，製作成專屬的情緒圖卡。每一種情緒圖卡都印製兩張。第一種遊戲方式是，爸媽將所有圖卡洗牌後，牌面朝上放置桌面，讓孩子找出兩張相同的圖卡，並說出情緒詞彙。第二種方式是讓孩子找出同一種類的情緒，例如問他們哪些圖卡是驚訝。這兩種遊戲都可以讓孩子增加情緒的詞彙量，同時幫助孩子辨識表情、認識情緒。

玩法二：情緒原因連連看

準備不同的情緒圖卡及不同的情境圖卡。讓孩子猜猜別人的情緒產生的原因。例如爸爸難過是因為咖啡打翻了；媽媽生氣圖是因為玩具都沒有收。當孩子可以正確連結後，對於情緒理解會大躍進喔！

玩法三：情緒演演看

找幾本不同的情緒繪本，和孩子一起扮演故事主角，用聲音和表情演出情緒。演完後，爸媽可以和孩子討論故事中的表達方式，討論背後的原因。從模仿到修正的過程中，孩子會逐漸揣摩出適宜的表達方式。

情緒發展是一個連續不斷的過程，直到孩子長大成人也都還在學習中。如果能讓孩子在小時候打好基礎，對於他們未來的成長也有所幫助！

30 什麼都說「不知道」

華華是中班的小女孩，喜歡上學。但是有件事一直困擾著媽媽，每次問華華在幼兒園發生的事，她只會說「不知道」。別人家的小孩都會跟媽媽分享在學校的事，難道是華華沒有認真上課嗎？

組織能力影響表達

孩子開始上學後，爸媽常會在放學時問孩子「今天做了什麼」。如果孩子一直回答不知道，爸媽的腦海會浮現各種小劇場，擔心孩子沒有融入學校情境，或過得不開心。

其實，孩子習慣回答「不知道」，有可能是因為表達方面的組織能力還不夠成熟，有想法卻說不出來。要回答今天在學校發生了什麼事，必須可以將事情經過說明清楚，甚至描述自己的感受，才能讓別人聽懂。相反的，如果孩子的組織能力有問題，即便想講也講不出來，還不如用一句「不知道」來回答。

孩子有好的組織能力，在分享、聊天時都非常順暢，不會讓聽者聽得一頭霧水。語言組織能力包含下面三點：

一、語法能力

「語法」是指句子的文法結構。想想看我們說出來的都是同樣的字，只是順序排列不一樣，表達的意思就會有差異，例如：「杏仁味對我很敏感」，乍聽之下會覺得有些奇怪，若改成「我對杏仁味很敏感」就好多了。語法是需要練習及花時間思考的，如果孩子的語法較弱，往往需要更多的思考與反應時間。

二、因果概念

如果孩子無法知道事情的「原因」和「結果」的差別，常常會出現「倒因為果」的情況。例如：「因為阿嬤睡醒所以去烤蛋糕」，其實是「因為烤蛋糕時阿嬤睡著了」，這樣意思就差很多。

三、時間順序

語言治療師帶你這樣玩

該如何帶著孩子說出自己的想法呢？爸媽不用擔心，請試試看我們建議的這三個遊戲：

玩法一：事件順序圖卡

孩子上學之後，爸媽可以根據孩子每天的行程將固定事件製作成圖卡，例如：刷牙、吃早餐、上學、午餐等等。當孩子回到家，讓孩子試著將圖卡按照發生順序排列。如果孩子不太會，就帶著他回憶，例如這樣說：「吃完早餐後，爸爸開車帶你去哪裡？」讓孩子自己回想看看。另外，爸媽要記得，不要用自己推測的順序去判斷孩子是否排列正確喔！記得看看學校的活動紀錄或是跟老師做確認後再判斷。

玩法二：文法練習

讓孩子熟悉新語法的使用，可以藉由句型相似的繪本做為教材，例如《我的朋友》書中使用同一種句型描述故事：「我跟我的朋友猴子學爬……我跟我的朋友書本學閱讀……」當孩子反覆聽到同樣的句型，很快就可以把句型琅琅上口。我們常常讓孩子接收到不同的句型，孩子對於語法的掌握能力自然更好。

玩法三：十萬個為什麼

不知道大家還記不記得，小時候有一部科普卡通《十萬個為什麼》，每一集裡面都有一個問題和答案。玩這個遊戲就像這部卡通一樣，例如看完《生氣王子》的故事，可以問孩子：「為什麼生氣王子的爸爸會生氣呢？」或是問：「為什麼生氣王子想要騎車去遊樂園呢？」藉由各種「為什麼」的問題討論，讓孩子更了解事件之間的關係。

孩子如果具備了良好的組織能力，老師或爸媽詢問發生什麼事的時候，就能把事件描述清楚，不會總是說「不知道」了。

Love

第4部

語言成熟篇

5歲以上

閱讀，學習新知、充實自我的最好方式

人無時無刻都在閱讀，閱讀報章雜誌，閱讀臉書上朋友的生活記事，還有各種網路訊息。

孩子也是不停在學習閱讀，從小時候開始與爸媽共讀遊戲書、繪本，到長大之後進了小學，從學習拼音、認識國字開始，漸漸進入了閱讀的另一階段。

若在此時，孩子的注音符號學習卡關，無法認讀注音，導致拼音困難，會讓孩子自我閱讀的動機低落。當閱讀的樂趣不再，就不會想要再看課外書了。

如果遇到了這種狀況，爸媽不僅要擔心孩子的注音能力，還要擔心他們不愛閱讀影響學習能力，真是一個頭兩個大。另外，有些孩子明明就會自己閱讀，卻不想自己讀，還是要黏著爸媽讀給他們聽，有時也讓爸媽困擾。

在小學階段，還有其他幾個讓爸媽頭大的學習問題，包括讀不懂題目、不會寫造句，這些狀況幾乎天天都在寫作業時出現。不但孩子寫不出來很痛苦，爸媽心裡也

苦，好像自己重讀一次小學一樣，每天都要幫孩子完成功課。

在最後這一部，我們想讓爸媽了解如何和家中的小一新生一起打敗注音大魔王，還有如何幫助小學生提升閱讀能力及造句能力。

我們期望孩子能夠養成自我閱讀的習慣，這樣他們就能自己徜徉在各式各樣有趣的文字世界，大量接收各種知識並擴展視野！

31 你有在聽我說話嗎？

五歲的婷婷常被罵不專心。有一天大家急著要出門，媽媽說：「等等我們要趕去阿嬤家吃飯，你趕快收玩具、換衣服……」等了十幾分鐘後，婷婷還在房間裡面，媽媽氣到準備罵人時，她才很委屈的說：「你不是只說要收玩具嗎？」到底是孩子聽不清楚？還是不專心呢？

「聽覺記憶廣度」出問題

「聽覺記憶」是指我們在聽到聲音後，可以立即將它記下來的能力，屬於短期記憶的一種，而「聽覺記憶廣度」則是能夠記住的字數多寡。一般來說，中班的孩子一次可以記得六至八個字，大班的孩子記住的長度約八至十個字，至於一年級的孩子最好能記得十二個字喔！

臨床上有許多動作慢半拍、學習效率差的孩子，並不是不認真，而是「聽覺記憶廣度」不佳。想想看，如果老師說了「三隻小豬」的故事，孩子只記得豬大哥，其他都記不清楚，於是老師問問題時，他就無法正確回答。這樣的狀況久了，自然會影響學習成效。

在家中，通常是一個指令一個動作，所以爸媽覺得沒問題，但是在學校，老師一次會給好幾個指令，導致孩子無法記憶而不知道該做什麼，老師就會覺得孩子聽不懂。如果在學校和家裡的表現落差很大時，爸媽可能就要警覺是不是孩子的「聽覺記憶廣度」出問題了。

有步驟的協助孩子訓練

「聽覺記憶廣度」不佳的孩子通常是有在聽，只是記不住那麼多。家中如果有兩個以上孩子，可以讓他們玩「當鸚鵡」的遊戲，有人說一段話，另一人就像鸚鵡一樣一字不漏的再說一次。雖然很像在鬥嘴，甚至有時會吵起來，但這是練習「聽覺記憶」最好的一種方式。

如果孩子聽覺記憶不佳也別太擔心，絕大多數的孩子只是缺乏練習而已，我們可以有步驟性的來協助孩子。

第一步：縮短口語指令

當孩子的聽覺記憶還不足，別用太長的句子跟他們說話。舉例來說，學校老師常會說：「先把剪刀膠水拿到前面來收好，再回去位置上把作品貼上姓名貼，然後拿到窗臺上放好。」這時我們可以縮短成：「收剪刀膠水，作品貼名字放窗臺。」將指令變得簡短且明確，孩子也會好好配合。

第二步：給予視覺線索

學習不只是用聽的，也可以用看的。如果孩子沒辦法用聽的記住訊息，提供視覺提示也是非常好的方式。想想看，孩子讀的故事書常常搭配許多插圖，那些插圖也是一種視覺提示，幫助孩子更容易記憶故事內容。孩子往往是透過一邊聽、一邊看的過程才能記住。這些孩子在學習新事物時，可以先準備一些圖片輔助，讓他們更容易學會。

第三步：重述聽到的話

當不確定孩子是否有在聽，最好的確認方式就是請孩子重複一次我們說的話。如果孩子複誦得結結巴巴，東漏西漏，表示他之後也無法妥善完成指令，甚至需要他人協助。這時爸媽可以使用「分段複誦」的策略幫孩子更容易記得，把事情做得更好。

語言治療師帶你這樣玩

臨床上，許多聽覺記憶不佳的孩子多被誤認為沒在聽人說話，常因此受到責備。聽覺記憶的練習其實不困難，爸媽在家裡帶著孩子多練，會有明顯改善。

玩法一：背手機號碼

雖然大人都已經不再記電話號碼，但這對孩子是一種很好的練習，而且記住大人的電話號碼，孩子在突發狀況時更容易聯絡到爸媽，不是嗎？一般來說，手機號碼是十個數字，孩子在大班時就可以記得住，爸媽有空就唸給孩子聽，讓孩子學習記住。

玩法二：動物接龍

遊戲方式是大家輪流說出一個動物，但下一個人必須複誦前面聽到的動物，再加上一個新的。例如第一個人說「猴子」，下一位就接「猴子、小狗」，再下一位接「猴子、小狗、貓咪」以此接續下去，直到有人無法按照順序將動物說出來，遊戲就結束。比比看誰才是記憶大師。這邊提醒爸媽一個小技巧，可以適時輸給孩子一、兩次，讓孩子有點成就感，下次會更願意玩。

玩法三：複誦不熟悉的故事

爸媽挑選一個孩子沒聽過的新故事，一次唸讀一句話，讓孩子照著複誦出來。可以先從字數約八至十個字的句子開始，再依照孩子的表現調整字數。

幼兒園和國小之間不只是差一歲而已，還有一個很大的差別。在幼兒園時，老師可以在一旁提醒孩子，手把手的帶著孩子做；但一進入國小，老師更多時候只用嘴巴說，讓孩子學著聽指令做。如果孩子的聽覺記憶有困難，往往會影響到上課學習的表現，所以爸媽不要忘記幫孩子做好「聽覺記憶廣度」的訓練喔！

32 都是你沒說清楚！

剛上小一的晨晨，每天上床前會拿聯絡簿給媽媽簽名。這天晚上媽媽對他說：「晨晨，幫我拿支筆過來！」沒多久晨晨拿了一支「筆」，卻是彩色筆。媽媽忍不住抱怨：「怎麼會拿彩色筆？這樣要怎麼簽名？」沒想到晨晨回嘴說：「你又沒說要拿什麼筆……」搞得媽媽差點火山爆發。難道孩子聽話都只聽到表面而已嗎？

聽懂言外之意

人與人在進行對話時，會先將事件背景交代清楚，在接下來的言談就會省略這些細節，不再反覆提及，不然會顯得很囉唆。所以實際說話時常會省略細節，用簡潔的語句或代名詞替代。

而這些語句或是詞彙代表的意義，就稱之為「語意」。語意能力與是否了解詞彙的意思有很大的關聯，這不單指知道這個「詞」，還包含孩子能否瞭解這個「詞」所指的特徵和概念。例如「龜」除了是指動物，也包含速度慢的意思。當孩子對詞彙的特徵掌握得越好，越能掌握詞彙隱含的意義。與人溝通時，孩子必須依語意能力去解讀他人表達的內容。

除了詞彙意義，句意也很重要。一句話不僅僅是個別詞彙意義的總和，還有詞彙之間的關聯性，就像「他以吃金幣的方式撞倒整排欄杆」，絕對不是指他真的把金幣吃下去，也不是指用吃的方式把欄杆撞倒。

簡單來說，孩子能不能聽懂言外之意，和他的語意理解能力好不好有關。語意理解不好的孩子，在對話時容易有錯誤理解。

一般來說，六歲之後就不會再有語意過度解釋或語意狹隘的問題，但是如果到了國小還是這樣，連帶會出現人際方面的問題。因為在他們的認知中，是同學沒把話說清楚卻錯怪他；又或是對於遊戲規範定義狹窄，認為是同學破壞了規則而與人發生爭執。

幫助孩子理解語意

語意狹窄的孩子們沒辦法自覺到問題，他們會覺得是別人不把話說清楚，不是自己沒聽懂。當碰到別人指責他時，一來是覺得莫名其妙，所以給人感覺不在乎；二來又喜歡將「你沒說清楚」掛在嘴邊，讓人覺得是推卸責任。兩者加在一起，就讓對方覺得這個人很難溝通。

我們可以使用三種方式來引導孩子改善這問題。

一、建立語意網路

每個事物都有自己的特徵，大家會用相似描述方式去形容同一個物品，當聽到「紅紅的、圓圓的、吃起來甜甜的水果」，我們自然會想到「蘋果」；聽到「紅屁股、會爬樹的動物」，就會想到「猴子」。讓孩子練習描述事物的特徵，將事物與相關的詞彙連結起來，他們的語意網路圖就建立得越完善，相對的也越不會有語意方面的問題。

二、讀懂肢體動作

溝通的過程中，不單純只使用語言，非語言的手勢或表情，也占非常大的比重。有時我們一個眼神加上「時間很晚了」這樣委婉的話，就表示「該準備上床睡覺了」。但是看在語意理解不佳的孩子眼裡，他只會滿頭問號的說：「為什麼要這樣看我？很晚又怎麼了嗎？」就好像外星人沒有跟我們接到頻率那樣。如果爸媽習慣使用非語言及言外之意的用語，發現孩子表現出一頭霧水的樣子，請直白的說給孩子聽吧！

三、增加聯想能力

語意理解能力弱的孩子，在解讀事物時無法從不同角度思考，也相對影響到聯想能力。如果能夠增加聯想力，對語意理解有很大幫助。你小時候有沒有聽過「什麼圓，圓上了天」的唱謠呢？其實可以用這樣的小遊戲來幫助孩子。多和孩子玩一些聯想的遊戲，他們會很不一樣。

語言治療師帶你這樣玩

當孩子語意理解不佳的時候，常常讓爸媽覺得很頭大、難以溝通，也很擔心他在學校的人際關係不好。這裡列出三個有趣的小活動，讓爸媽和孩子在家可以促進語意理解的發展。

玩法一：猜謎遊戲

猜謎遊戲就是不直接說出答案，要換句話說，例如形容「嘴邊有鬍子，整天喵喵喵，走路靜悄悄，很會抓老鼠。」讓孩子猜是什麼。玩幾次之後，可以讓孩子試著出題目給爸媽猜，爸媽就能知道孩子對事物的認識有多少了。

玩法二：比手畫腳

當我們在玩比手畫腳時，需在短時間內表現出事物的獨特之處，才能讓孩子猜到。有兩個可以注意的小技巧：一個是動作盡量大一點，孩子才看得懂。另一個是動作不要太複雜。因為比手畫腳只有動作，如果動作太多太複雜，反而容易讓孩子產生誤解而看不懂在比什麼。

玩法三：聯想遊戲

很多爸媽都很害怕玩聯想遊戲，擔心自己沒有想像力，想不出答案。這個遊戲沒有想像的那麼難喔！只要掌握一個要點：一開始題目不要出得太難，可以先從形狀開始，例如可以問孩子說：「三角形像什麼？圓形像什麼？」大家一起從家中物品找答案，這樣就容易多了。

語意是一個不容易被理解的能力，孩子也因此更容易被誤會。有時孩子真的不是故意挑語病、愛爭辯，只是需要一些特別的協助。先放下自己的執著，幫助孩子學會與人溝通，一定可以讓孩子漸漸改變的。

33 孩子聽不懂反話

媽媽最怕接到小宇的老師來電，每次不是說小宇在教室裡有多調皮，就是抱怨他不尊重老師。前幾天上體育課，全班太吵，老師對全班說：「那麼愛說話就再說大聲一點！」瞬間全班都安靜下來，只有小宇突然大聲說話，快把老師氣瘋了。導師要他說對不起，小宇卻堅持是老師說要再大聲一點……。他到底是故意聽不懂，還是搞不清楚狀況呢？

除了聽，還要看懂表情和情境

我們在說話的時候，不只是單純把文字說出來，而是會根據心情、情境等因素使用不同語調、音量、速度，甚至停頓，這些稱為「副語言」。「副語言」可以幫助我們了解更多訊息，例如媽媽突然很大聲說話，表示她生氣了，這時皮要繃緊一點了；當一個人說話時突然間變得結結巴巴，可能意味他很緊張。平時我們除了要聽清楚別人到底說了那些字，還需要注意到「副語言」帶來的線索，才能判斷別人真正想要表達的意思。

有時為了強調一件事，我們會使用「反詰語氣」，也就是反問法。這意思是，雖然我們提問了，但是並沒有要你回答。例如我說：「說話一定要這麼大聲嗎？」並不是要你回答，而是在告訴你說話要小聲一點。

有些孩子就是在這裡卡住了，反而顯得特別調皮搗蛋。因為他們除了搞不懂，還會拚命想「回答」這個反問句，當然就把大人氣壞了。

除了需要掌握「副語言」和「反問法」，孩子還需要學會「看表情」，所以孩子要「說話看著人」，才能正確解讀語句。

但在臨床經驗上，有些孩子往往不會「解讀表情」。皺眉頭是什麼意思？沒表情又是什麼意思？這些細微的表情變化，對他們來說都不太有意義。他們總是直接解讀每一句話，忽略這些反話或語調的差異，自然會搞錯意思。

幫助孩子掌握「副語言」

在幼兒園階段，老師很少用「反詰語氣」來強調事情。然而進入小學後，「反詰語氣」常常出現在課堂上與生活中。有些爸媽也覺得疑惑，孩子明明在幼兒園都好好的，為什麼一上小學就變了樣？

其實，只要適當引導孩子，讓孩子能快一點掌握「語調」、「反問法」及「解讀表情」的能力，孩子自然會改變。

一、辨識表情

在臨床上發現，表情辨識不佳的孩子，無法同時注意到多個部位的改變，也很難區分出細節的差異。例如生氣時，他會覺得你的「眉毛不太一樣」，卻不能說出到底是皺眉或挑眉；或者察覺到你皺眉了，但卻忽略嘴巴的動作，造成情緒判斷速度慢，甚至要別人做出非常誇張的表情才能理解。而近兩年來，因為新冠疫情的關係，大家都戴著口罩，只露出眼睛和眉毛，這也讓更多孩子無法學會辨識表情。

二、聽懂語調

「語調」是藉由聲調、速度變化來傳達情緒。當你說話急促、音量大，那表示在生氣；當說話時聲音微弱、速度慢，表示難過。要讓孩子了解這些語調的差異，說故事是一種最好的練習。例如在說《我變成一隻噴火龍了！》時，噴火龍阿古力打不到蚊子波泰，可以用大聲且快速的方式說話，同時加上「我好生氣啊！」，讓孩子能從語調中感受到情緒。

三、**看懂情境**

在生活中，情境只要「一句話」就能改變，像是老師說：「大家把課本收起來，拿出一張白紙。」就馬上從「上課情境」轉變成「考試情境」。因此，孩子對於情境理解的效率就變得非常重要。通常可以先從「情境圖片」來練習，透過圖片讓孩子觀察每個人的表情，以及了解事情發生的緣由，接著再連結到真實生活，讓孩子理解情境。

語言治療師帶你這樣玩

孩子聽不懂反話時，真的很容易惹大人生氣，這時很需要幫孩子和他人（特別是老師）溝通，在給予孩子指令時，盡量減少使用「反詰語氣」，或是當孩子誤解時，向孩子說明解釋這句話實際的意思。此外，爸媽在家也可以帶孩子練習幾個小活動，讓他們快速學會觀察情境、讀懂表情喔！

玩法一：語調猜一猜

爸媽可以在唸讀故事中的語句時，配上相對應的語氣，讓孩子想一想對應的心情是什麼。如果孩子沒辦法正確回答，爸媽可以再說得誇張一點。

玩法二：摸鼻子

這是一個練習觀察情境的遊戲。遊戲規則是，根據人數抽出相對應組數的撲克牌，例如四個人玩就抽出A到4共十六張牌，洗好牌後平均分給四人，然後開始交換手上的牌（把不要的牌蓋著放在桌上），先湊到四張一樣的人就要摸鼻子，這時，其他人也要趕快跟著摸，最慢摸鼻子的人就輸了。孩子在這個遊戲中必須注意觀察他人的動作。情境觀察不佳的孩子通常會只顧著自己換牌，根本沒注意到其他人都摸鼻子了！

玩法三：情境辨識遊戲

請爸媽準備相同圖片的圖卡，兩張一組，共十五組。遊戲進行時，一組圖卡正面朝上放置於桌上，另一組洗牌後發給大家。一開始每個人說出自己想要的圖卡，接下來輪流猜自己想要的卡在誰手上。

因為在遊戲中是不能說話的，孩子需要同時觀察多人的表情或是動作改變來猜測自己的卡片在誰手中，若是猜對了，雙方都能得分。這遊戲對孩子是非常大的挑戰，但是孩子一旦可以突破這個關卡，那麼一定會有大幅度的進步喔！

「聽」不比「說」來得容易，也需要更多練習，才能解讀話語背後的含義。千萬不要以為孩子會說話就一定聽得懂，反而錯怪孩子是在故意搗蛋，那真的只會把彼此之間的距離越拉越遠喔！

34 孩子說話太白目

「好痛！」班上一個孩子在比賽時跌倒，大家都跑過去安慰，小亞卻在旁哈哈大笑說：「怎麼會自己左腳踢右腳啦？」其他同學都不開心的看著他，但小亞渾然不覺，還說：「他就真的跌得很好笑啊！」為什麼他老是搞不懂有些話不能說、有些時候不該笑呢？

說話的藝術與「語用」問題

說話是一門藝術，如何把話說得好，要讓人聽得明白卻又不傷人，真是不容易的事情。

當孩子說話傷害到別人時，孩子可能會覺得是在「說實話」，請爸媽不要陷入「是不是說實話」的陷阱，而是要從「語用」的角度向孩子解釋。

「語用」指的是在不同情境中使用適切語言與人溝通的能力。在溝通時，需要依照場合和對象來調整說話內容，像是對同學就可以開玩笑、稱兄道弟，但是不可以對老師和長輩這樣做。

「語用」與其他三個基礎能力的發展有關，分別是：詞彙量、讀空氣、猜感受。不論是哪一項出問題，都會導致孩子很會說卻說不好。

一、**詞彙量**

對孩子來說，每個詞彙都是中性的，並沒有「正面」（稱讚）或「負面」（貶抑）的差別，因此容易說錯話。之前有個媽媽跟我說，她的孩子在書上學到「禿頭」這個詞，結果隔天在電梯裡看到一位頭髮稀疏的阿伯，就大聲的跟媽媽說：「那就是禿頭對不對？」聽到孩子提到新詞彙時，可以引導孩子了解詞彙給他人的感受，避免不必要的困擾。

二、**讀空氣**

指的是解讀當下情境與氣氛的變化。比方說原本吵吵鬧鬧的教室，老師突然出現，大家就會立刻安靜下來。如果孩子無法察覺氛圍的改變，就會持續說不停。雖然大家剛剛都有說話，但他往往是最後一個停下來的，自然會被當作代罪羔羊。爸媽可以引導孩子認識在不同「情境」下應該做哪些事，甚至幫孩子明確列出規範，會比不停的提醒更有效。

三、猜感受

由於每個人個性不同，對同一件事的感受也不一樣。孩子在學習與人溝通時，必須先了解每個人對事情的感受不同。如果孩子無法理解他人感受，就不會在乎自己的用語，又如何修正自己的說話方式呢？關鍵不是孩子說的對不對、有沒有說實話，而是別人聽到會有什麼感覺。不要說出讓別人「不舒服」的話，才是我們需要讓孩子注意的事情。

從「情緒覺察」和「同理心」開始練習

當孩子說話很白目，爸媽肯定每天擔心孩子不小心又說錯話。要好好說話，不只是看語言表達能力，還需要「情境覺察」和「同理心」。孩子在發展過程中有快有慢，絕大多數在七到九歲之間會成熟，所以爸媽也需要多一點耐心和引導。我們可以使用三個方式來讓孩子說出好聽的話。

一、換句話說

同一件事情，有時候只要換一個說法，別人的感受就會不同。比方說，我們或許會說：「你說話很大聲。」但也可以這樣說：「你的聲音很宏亮。」雖然意思相同，但是聽起來感覺就差很多。對於這些孩子而言，多練習「同義詞」是很有幫助的。

二、覺察情境

情境包含「人物」、「事件」、「地點」及「時間」，只要這四者有一個改變，情境就會不同。例如下課時在教室內和同學打打鬧鬧，只要小心安全就沒問題；但是上課時和同學打打鬧鬧，老師一定會責罵。明明地點、對象及事件都一樣，老師為什麼會生氣呢？那是因為「時間」不同。許多過度執著在「事件」的孩子，往往會忽略其他三項條件，而無法理解情境的變化。我們可以試著多引導孩子注意其他的細節。

三、同理能力

孩子的思維是以自我為中心，往往認為自己的感受就是其他人的感受。等到五歲之後他們才會發覺彼此感受有差異，並且學會「推論」他人感受。我們平時可以帶著孩子學習觀察他人，猜一猜別人在想什麼、會有什麼感覺？這些都是很好的練習。但請記得不要一直糾正孩子，鼓勵他說出自己的答案，我們也可以適時引導是不是還有其他想法，就能讓孩子多了解不同的看法。

沒有孩子會希望自己說出來的話讓別人難過，但是他們常常脫口而出卻不知道後果。別急著責備，而是要告訴他們該怎麼做才會比較好。

語言治療師帶你這樣玩

讓孩子練習好好說話、不得罪人，並建立同理心。以下有三個遊戲，爸媽在家有空時可以帶著孩子邊玩邊練習。

玩法一：使用雙主角類型繪本

「雙主角類型繪本」是指從兩個主角的角度去說同一個故事。這樣孩子可以很快了解到同樣一件事、同樣一句話，只要看待的角度不同，意義就完全不一樣。爸媽與孩子一起閱讀這類繪本，先從其中一個主角的角度把故事講一遍，再換另一個主角的角度說一次事件，之後再做對照，孩子就能從中學到如何說出適合話語並做出合宜的反應，才不會讓朋友感到不舒服。

玩法二：找出不合理

爸媽可以隨意找一些場景，故意放一些不太合理的物品，看看孩子可不可以找出來。例如找一張餐廳的照片，在碗筷旁邊故意放上一個小槌子；在浴室的照片上，牆壁上加一個大時鐘。透過找出「不合理」的地方，讓孩子快速學會觀察情境中的細節，練習察覺到環境的變化。此外，爸媽也可多利用一些偵探遊戲的書籍或繪本，裡面也有許多相似的小遊戲可以帶孩子練習。

玩法三：猜測別人的想法

遊戲前請先準備多張具有故事性的圖卡，但卡片中的人物都不能有表情。爸媽先與孩子一起看圖說故事，再請孩子猜測故事中主角的心情，並看看答案是否與爸媽一致。爸媽也可以分享自己對於主角心情推測的理由，幫助孩子了解他人的想法。當孩子開始學習理解他人的想法，也就能理解他人情緒，同理心便隨之而來了。

不要一直說孩子很白目，應該引導孩子學會說好聽的話，學會看懂場合、瞭解他人感受，並增加表達的多樣性。透過練習，每個孩子都有機會成為一位說話得體不傷人的孩子喔！

35 到底是ㄅ、ㄉ還是ㄌ？

「來，這個怎麼唸？」小恩的媽媽指著桌上的字卡「ㄉ」問著，小恩怯怯的回說：「是……ㄉ嗎？」媽媽再指著「ㄌ」，小恩支支吾吾的說：「嗯……ㄉ？」明明已經教了十幾遍，為什麼小恩就是記不住？注音學了快一年還不會，每天唸好幾次ㄅㄆㄇ，難道一點用都沒有嗎？

只會唸不會認？

注音符號是種抽象符號，孩子在學習上並不如我們想像的那麼簡單。雖然大部分孩子可以經由大量唸讀將注音符號記起來，仍然有些孩子只會「唸」卻不會「認」。對這些孩子來說，雖然可以完整依序唸出「ㄅㄆㄇ……」，但是單獨抽出一個「注音符號」要他唸，馬上就被考倒。

這些孩子在一開始學習時，不容易被發現問題，直到進入拼音時，才會被注意到他們連讀音都記不牢。

孩子學習注音符號的困難通常有三個原因：

一、符號的相似性

有好幾個注音符號長得很像但讀音不同，例如：ㄇ、ㄈ、ㄩ的開口方向不同，ㄅ和ㄉ一個有撇一個沒有，對我們大人來說每一個都不一樣，因為我們知道這是「符號」，但是對孩子來說，這些比較像是畫出來的「圖案」，而圖案是沒有方向性的，不管上下左右顛倒、多一撇少一撇其實都差不多。

如果孩子的視覺空間「旋轉概念」不佳時，往往導致他們在符號區辨上有困難，要記得也不容易。這時，爸媽除了帶孩子練習ㄅㄆㄇ之外，也可以玩拼圖，同樣可以增加旋轉概念。

二、唸名速度不足

「唸名速度」是指孩子看到符號後，說出正確名稱的速度。在臨床上有很多孩子雖然認得注音符號，但反應速度慢，每一個都要想一陣子，讓爸媽教得很生氣。「唸名速度」是一個自動化過程，就如同直覺反射一樣，不需經過思考的過程。孩子看到ㄅㄆㄇ，就應該像我們看到123一樣可以馬上說出來，如果小一的孩子沒有辦法這麼快說出來，就要注意了！

三、構音能力影響

部分孩子是因為聽不清楚或構音問題，導致無法正確唸讀符號。由於聽或說的不正確，長時間下來將聲音搞混了，造成他們在學習過程中無法正確連結符號與聲音。

當孩子在學習注音符號時，如果有發音不正確的問題，爸媽一定要先解決孩子的構音問題，才能讓孩子在學注音符號時更順利。

學習注音的三種策略

當孩子在學習注音符號時，如果出現一些小狀況，請爸媽先放下焦慮的心情，冷靜下來陪孩子找到方法。恐懼是學習最大的障礙，孩子也會感受到爸媽的壓力而影響學習效果。

有三個不同的學習注音策略，爸媽可以依照孩子的狀況使用。

一、**相似符號同時學**

把相似的符號放在一起時，孩子比較容易找出相異的部分，若再搭配上口訣，很快就可以學會。舉例來說，「ㄅㄉㄌ」是一組，「ㄅ多一撇是ㄉ」、「頭凸出來是ㄌ」，又因為ㄅ是注音符號的第一個，通常是孩子最熟悉、認得最好的符號，就不需要再額外給口訣囉！

二、**抽象符號具象化**

注音符號是種抽象符號，但是如果我們把注音符號變得具體，孩子可以學得比較快。我們可以用生活中常見的詞彙與注音符號做連結，例如：「爸爸ㄅ」、「葡萄ㄆ」、「媽媽ㄇ」……這樣孩子很快可以琅琅上口，當他們要快速唸名的時候，也可以依照這些口訣，很快說出正確的符號名稱，有效改善孩子唸名速度的問題。

三、**發音問題慢慢來**

如果孩子是因為構音問題而造成認讀上有錯，爸媽要多一點耐心，因為這並不是只學會認識符號就可以解決，反而需要帶著孩子一步一步練習區辨混淆的發音、說出正確的聲音。當他們學會區辨聲音、構音正確，即使比同學晚一點學會符號，學習效率也不見得比較差。

當孩子開始學習注音符號，孩子和爸媽的壓力也開始出現。試著找出適合孩子的方法做練習，一定比每天死背來得有效率。

語言治療師帶你這樣玩

注音符號的學習要強調的是「暴露量」，也就是孩子每天接觸時間的長短，因此爸媽可以善用環境布置，在家裡明顯的地方貼上一個ㄅㄆㄇ的大掛圖，或是搭配運用三個小活動，讓孩子從遊戲中學習。

玩法一：符號變裝秀

每個人都準備一份黏土及一疊A4的紙，一張紙上面一次只會出現一個符號喔！把黏土搓成長條狀，放到字卡上，看看誰最快可以把黏土變形、組裝成字卡上的注音符號！

在活動的過程中，爸爸媽媽可以加上口訣，例如：「ㄅ加上一撇就變成ㄉ

囉！」讓孩子藉由親自動手做的過程，加上反覆唸誦口訣，孩子很快就能正確識別並記得注音符號。

玩法二：符號連連看

把教過孩子的注音符號卡和相對應的物品名稱圖卡打散，看看孩子需要花多久的時間將符號和物品圖片連結起來並讀出正確的音。若是每一次孩子都可以比上一次更快完成，就表示孩子認讀能力越來越好，唸名速度也越來越快，開始往自動化邁進囉！

玩法三：聲音聽聽聽

爸媽準備一組注音符號字卡，一次拿兩張唸讀，請孩子指出哪個是哪個。進行時有一個小訣竅，一開始準備的字卡讀音差異性要大，例如「ㄚ」和「ㄨ」。千萬不要一開始就拿出「ㄡ」和「ㄛ」，這樣音太接近，難度太高，孩子很容易有挫折感。爸媽在唸讀時，記得聲音要誇張一點、唸慢一點，才能讓孩子聽清楚。等到孩子上手後，就可以拿出聲音接近的字卡讓他們練習了。

爸媽都希望孩子可以快樂的學習，那麼在孩子卡關時，爸媽可以先花點時間觀察孩子卡住的原因是什麼，再針對問題找出合適的方法陪伴孩子練習，那麼孩子也會回饋出相對的成果。

36 會認注音卻不會拼音

「ㄅ……ㄚ……，ㄅ……ㄚ……」小臻已經對著桌上的注音符號唸了快要一分鐘，但是怎麼唸就是拼不出來。媽媽在旁邊快要受不了了，「ㄅ、ㄚ，ㄅㄚ，很難嗎？唸了這麼久還拼不出來，你有沒有專心啊？下一個怎麼唸？」媽媽越說越大聲，小臻只好硬著頭皮繼續讀……

為什麼小臻明明就已經會認「注音符號」卻不會「拼音」呢？

拼音困難的可能類型

學習注音的過程並不是學會認讀符號就好，拼音對孩子來說又是一個關卡。孩子要學會拼音，需要具備將聲音結合的能力，如果沒辦法理解組合聲音，在拼音學習上就會遇到很大的困難。

拼音困難的原因，我們可以將其大致分為三類：

一、拼音的步驟過多

很多孩子會拼二拼，例如ㄏㄚ，但是無法拼讀三拼，例如ㄒㄧㄢ。這是因為三拼時，他們不知道應該先將哪些音組合，結果一直卡住。為了幫助孩子簡化步驟，「結合韻」的認讀就非常重要，像是看到「ㄧㄚ」這個結合韻，要能一看到就唸出ㄧㄚ（鴨）。如果孩子可以將「結合韻」直覺唸出來，三拼的注音就像變成二拼，孩子當然能輕鬆拼音。

二、聲調的學習困難

聲調的學習困難有兩個原因，一個是孩子很難將聲符與聲調做連結，二來是因為說話時前後兩個聲音的聲調會互相影響，造成「變調」，最明顯的就是當兩個三聲（ˇ）的音放在一起時，前面的讀音會變成二聲（ˊ）。比方說「好好吃」三個字分別都讀做三聲，但連著唸時其實是讀做「ㄏㄠˊㄏㄠˇㄔ」。這樣的變調常會讓孩子感到困惑，覺得為什麼耳朵聽到的，跟真正看到的符號不同？

三、無法將聲音結合

注音和真正的「發音」之間是有落差的。不知道大家在拼音時有沒有覺得很奇怪，為什麼「希」的注音是ㄒㄧ，而不是直接寫做ㄒ？明明單獨唸「ㄒ」的聲音就跟「ㄒㄧ」一樣啊！這是讀音與發音的不同，但是我們在教孩子時並不是用發音，而是用讀音，孩子自然難以理解。與大家想的不一樣，拼音卡住的孩子，並不是耳朵聽不清楚，反而是聽得太清楚、分得太仔細，導致學習上比較慢。

訓練拼讀能力

「注音符號」是孩子進入國小後第一個碰到的關卡，如果可以陪伴他們順利突破，對於學習也會更有信心。尤其是拼讀能力，在孩子識字量還不足夠之前，良好的拼讀能力能讓他們自主學習，因此教孩子方法是很重要的喔！

一、熟記結合韻

現在注音符號的教學方法和爸爸媽媽小時候學的不太一樣。以前我們學的是一個一個拼，比方說：「ㄧ、ㄚ，ㄧㄚ。」但是現在的方法是把「ㄧㄚ」單獨看做一個符號，看到就可以直接唸出來。所以千萬不要用我們小時候的方法來教，而是要幫孩子準備所有「結合韻」的字卡，每天陪孩子唸個三五遍。當孩子對於結合韻非常熟悉後，拼音就沒那麼難了。

二、聲調清晰化

因為說話時聲調會互相影響，在陪孩子練習聲調時請放慢唸讀的速度，讓字與字之間有間隔，並把聲調唸得誇張一點，幫助孩子察覺到聲調之間的差異。另外也可以使用手勢動作，讓聲符這個抽象概念變成具體的聽覺和視覺線索，這些小技巧可以幫助孩子學習喔！

三、簡單的先拼

很多孩子不知道如何將聲音組合，這時可以先從簡單的音開始。什麼叫做簡單的音呢？嘴形可以清楚被看見的，就是簡單的聲音。因為孩子在視覺模仿動作會比單純用耳朵聽來得容易。比方說我們唸：「ㄅ、ㄚ，ㄅㄚ。」可以先讓孩子跟著我們一起做出ㄅ的嘴形，再做出ㄚ的嘴形，接著讓他們看著我們說出ㄅㄚ的動作。重覆幾次，讓孩子了解拼音就是把聲音連在一起，孩子就可以學會了。

當孩子發現自己看得懂卻拼不出來，他們也會感到很焦慮。這時爸媽可以先跳回簡單的拼音練習，讓孩子重新獲得成就感。等回到原來卡住的題目上，孩子就能放下擔憂，大膽說出來！當孩子有正向經驗的累積，才更願意嘗試。

語言治療師帶你這樣玩

學習拼音的過程對許多孩子來說，是件無趣又沒有成就感的事，如果只是反覆要求孩子練習，那麼孩子會對拼音更倒胃口，因此多使用小遊戲陪孩子學習，效果才會比較顯著。

玩法一：眼明口快

先將所有結合韻的圖卡洗一洗放在桌面中間準備。每個人先輪流翻牌，最快把牌上的注音讀出來的人就獲得卡片，最後看誰的卡片最多就贏了。在這個遊戲中，因為孩子正在練習熟悉結合韻，爸媽先不要「非常認真」的想要贏得比賽，可以適時裝傻讀不出來，讓孩子發現自己贏了。那種成就感可以讓他們維持較長的學習興趣和動機喔！

玩法二：比手畫腳

爸媽先準備一些圖卡當作題目，唸出圖卡後，請孩子比出聽到的聲調動作，例如：一聲時手平舉，二聲時手往上舉，三聲時手往下再往上做出打勾的動作，四聲手往下揮。要特別注意的是，讀出聲時先將字與字的時間間隔拉大，孩子才容易區辨，但是慢慢就要恢復成一般的語速，這樣孩子未來在聽到其他人說話時才能分辨正確的聲調。

玩法三：聲音加法

為了讓孩子了解聲音的結合，爸爸媽媽可以先準備透明的注音符號卡或磁鐵，在練習拼音時，先將聲母（例如ㄅㄆㄇ）、韻母（例如ㄧㄨㄩ）分開一點。當爸媽示範將聲音組合在一起時，除了口形要做得誇張一點，手也要慢慢的將卡片合在一起，讓孩子了解這些符號合起來所代表的聲音是什麼。活動過程中，爸媽請先示範大約五個聲音，之後再讓孩子嘗試把聲音合起來，以避免挫折喔！

並不是會認注音符號就等於會拼音，學習注音的過程中孩子需要養成的能力其實不少。讓我們透過一些方法陪著孩子穩穩走過每一步。

37 為什麼聽寫這麼難？

今天是妞妞上小學後第N次聽寫小考，明明媽媽已經幫忙複習好多次了，為什麼考試還是寫不出來？每次聽寫考試總是搞不清楚要寫ㄣ還是ㄥ？是ㄛ還是ㄡ？老師唸的速度好快，常常來不及，真是好頭痛喔！平時會認讀，拼音也沒問題，為什麼小考聽寫就不行呢？

死背無效，要學會拆解聲音

注音的學習是一整套的，從認讀、拼音到聽寫，每一個能力都是相關聯卻又各自獨立。但是，我們常常忽略「聽寫」也是需要練習的。在注音聽寫上，有三個常見的狀況會影響孩子的表現：

一、拆解聲音的能力

注音聽寫的時候，孩子需要使用「拆解聲音」的能力；也就是說當我們聽到「家」的時候，能在腦中把這個聲音拆成「ㄐ」、「ㄧㄚ」這樣的音素。這對許多孩子來說是個很神奇的事，「家」不就是一個聲音嗎？為什麼能被拆開？但我們就是要讓孩子瞭解聲音是可以被分割的。

二、無法區辨相似音

注音符號中除了有長得相似的，也有很多是聽起來很像的，例如ㄡ和ㄛ、ㄥ和ㄣ、ㄝ和ㄟ。這些聲音聽起來很相似，如果只是跟孩子說「背起來就好」，他們還是很容易混淆。以ㄡ和ㄛ來說，ㄡ的尾音多了一個ㄨ的收口音；而ㄟ則是多了一個ㄧ的尾音。ㄣ和ㄥ則是發音時舌頭位置不一樣。

三、速度太慢趕不及

當父母在幫孩子練習聽寫時，會慣性的等孩子寫完才唸下一題，如果寫完第一個字就忘了第二個字要寫什麼，我們通常會再唸一次。但是在學校考試時，全班有二、三十位同學，老師沒有辦法等，也不會一直重複唸題，所以孩子的動作如果不夠快，聽寫當然容易考不好。

幫助孩子加強練習

注音聽寫是孩子們上小學後第一個會遇到的測驗，要怎麼練習呢？在這裡跟爸媽分享三個輕鬆打敗聽寫大魔王的方法。

一、找出相同韻母／聲母的音

在學會拆解聲音之前，爸媽可以先讓孩子聽聽看哪些聲音的開頭或結尾是一樣的。比方說，聽到ㄅㄚ和ㄆㄚ，看看孩子能不能聽出兩個聲音的結尾都有ㄚ這個音。在這個活動中，爸媽要記得這是在讓孩子練習「聽」，先不要寫給孩子看。等到孩子可以很快的找出相同韻母之後，就可以繼續練習在不同的字中找出一樣的聲母。

二、找出相似音的差異及特徵

既然是相似音，就表示還是有差異，那就要讓孩子發現這些聲音的不同。舉例來說，ㄝ和ㄟ的差別在ㄟ的結尾有ㄧ的聲音，爸媽唸給孩子聽的時候，要把結尾的ㄧ唸出來。額外將這些相似音挑出來，並且將差異唸清楚或做出正確口形，讓孩子可以分辨。等孩子熟練時，爸媽就自然的說，看看孩子能不能聽出來。

三、增加熟練度以及默唸能力

因為速度不夠快而來不及寫或忘記題目，都是因為熟練度不夠。很多時候，孩子因為腦子還卡在第三題，一回神發現老師已經在唸第五題了，瞬間整個人傻掉，後面當然什麼都不記得。此外，孩子也可能會出現忘記題目的情況，這時爸媽千萬不要責備孩子，而是要教導孩子學會「默唸」的策略。聽到題目後，先很小聲的把題目唸三遍，再開始答題。等到習慣之後，再讓孩子只唸在心裡，孩子就會有明顯的改善。

「聽寫」是注音符號學習中的一個關卡，要用對方法陪孩子練習，讓孩子可以順利度過國小生活的這一關。

語言治療師帶你這樣玩

如果學習注音符號可以是有趣的活動，相信孩子會更有興趣複習，以下提供三個小活動供參考。

玩法一：韻文大集合

爸媽可以先找出孩子讀過的唐詩、三字經，用這些已經琅琅上口的韻文，讓孩子聽聽每一句的最後一個字是不是都有相同的聲音（韻母）？如果有，那是什麼音？例如問孩子：「ㄊㄞˋ和ㄌㄞˋ有沒有相同的音？」當孩子回答出「ㄞ」之後，就可以繼續問：「那ㄊㄞˋ要怎麼拼呢？」這樣可以幫助孩子學會拆解音。

※常用練習字

	ㄚ		ㄨ	
組別一	巴	ㄅㄚ	哺	ㄅㄨ
	媽	ㄇㄚ	噗	ㄆㄨ
組別二	搭	ㄉㄚ	嘟	ㄉㄨ
	拉	ㄌㄚ	凸	ㄊㄨ
組別三	咖	ㄎㄚ	哭	ㄎㄨ
	哈	ㄏㄚ	呼	ㄏㄨ

ㄧㄢ		ㄨㄢ	
邊	ㄅㄧㄢ	歡	ㄏㄨㄢ
天	ㄊㄧㄢ	湍	ㄊㄨㄢ
間	ㄐㄧㄢ	端	ㄉㄨㄢ
先	ㄒㄧㄢ	關	ㄍㄨㄢ
千	ㄑㄧㄢ	寬	ㄎㄨㄢ
顛	ㄉㄧㄢ	專	ㄓㄨㄢ

玩法二：大嘴巴讀聲音

把相似音的字卡拿出來，先讓孩子聽聽聲音並看看我們的口形，讓孩子發現尾音或是口形上的差異，再讓他試著說出正確聲音。之後準備許多不同但含有這些相似音的字卡，讓孩子大量練習聽及說，這樣他們就能掌握到那些細微的差異。當然，等孩子熟練後，就不要再那麼誇張的說給孩子聽囉！因為考試時老師是不會這樣唸題目的。

※常用練習字

	組別一	組別二	組別三
ㄛ、ㄡ	頭（ㄊㄡˊ／ㄊㄛˊ）	樓（ㄌㄛˊ／ㄌㄡˊ）	否（ㄈㄡˇ／ㄈㄛˇ）
ㄝ、ㄟ	飛（ㄈㄟ／ㄈㄝ）	杯（ㄅㄟ／ㄅㄝ）	葉（ㄧㄝˋ／ㄧㄟˋ）
ㄣ、ㄥ	風（ㄈㄥ／ㄈㄣ）	燈（ㄉㄥ／ㄉㄣ）	墾（ㄎㄥˇ／ㄎㄣˇ）

玩法三：記憶大考驗

準備兩張椅子，可以相隔一段距離，爸媽坐在一張椅子上，另一張椅子上放空白紙張。爸媽唸題目，孩子聽到後要趕快跑到另一張椅子將答案寫下，再拿回來給爸媽並準備聽下一題。遊戲中，因為孩子沒有辦法馬上寫下答案，因此必須練習默唸題目，將題目記下來。當孩子很熟練後，就可以用計時器增加難度，規定孩子在一定的秒數內要寫完答案，否則算失敗。

當孩子學會聽寫後，注音這個大魔王就被我們打敗囉！幫孩子裝備好這三個武器，孩子一定能順利過關的！

38 看圖不看字，怎麼練閱讀？

朋朋已經二年級了，明明會拼音也認識許多國字，但是每天晚上，還是抱著書要媽媽唸給他聽。雖然已經和他說過好多次，希望他自己練習看有字的書，但他總是興趣缺缺，隨便翻一翻看個圖交差了事，真是讓媽媽傷透腦筋。到底該如何讓孩子習慣獨立閱讀文字、培養閱讀習慣呢？

不想自己讀？

新課綱上路，學校各科考試彷彿是在考孩子的國語文能力。長長一篇閱讀測驗很常見，而社會科、自然科也不遑多讓的出現一大篇一大篇的題組；就連數學的應用題，更是喜歡拐彎抹角，考驗孩子有沒有理解題目真正的意思。如果孩子的閱讀能力不佳，當然很難得到好成績。

但是有些家長也很困惑，明明小時候常陪著孩子一起閱讀，但是後來又不願意自己讀，又是什麼原因呢？

一、圖片到文字閱讀的過渡期

孩子雖然已經可以自己閱讀，但是在文字閱讀上剛剛起步。有時他們會想自己讀一點；有時會希望爸媽幫忙唸出來；有時更想知道圖畫裡藏著那些小細節，自己有沒有注意到……。這時爸媽千萬別太心急，只要孩子願意閱讀文字，那麼就再給他們一些時間吧。

二、拼音不夠快，識字不夠多

有時不是孩子不想自己讀，而是因為力不從心。如果讀五個字要花掉他們兩、三分鐘，那麼不用說讀完一段，光讀一句話也會讓他覺得無趣，自然就不喜歡看書了。

三、沒辦法一次吸收太多文字

閱讀是一種累積，孩子並不是天生的閱讀者，不要期望孩子一能識字，就可以打開《哈利波特》從頭唸到尾。孩子們需要藉由一次次閱讀經驗累積可以負荷的閱讀量。如果孩子可以讀完一篇短文，但是腦子能吸收的卻只有第一段的內容，這樣他們容易感到挫敗，還不如請爸媽唸給他們聽，這樣省事又輕鬆。爸媽此時可以先從輪流讀的方式來協助孩子適應喔！

愛上閱讀的方法

「閱讀」應該是件令人開心的事，而不是一種壓力或負擔。如果只是一心一意要求孩子自己閱讀，結果閱讀會變成一種壓力。這裡提供爸媽三個方法，讓孩子更快成為獨立的閱讀人。

一、暫停法

這個方法不是要處罰孩子，而是提醒家長在親子共讀時，適時暫停一下，不要一口氣唸完，藉此提升孩子「自己讀」的動機。你或許會覺得很奇怪，為什麼停下來不讀了，孩子反而會願意唸？想想看，當我們在追劇時，演到最後就會出現「TO BE CONTINUED」，甚至會透露一下可能的劇情，讓你的大腦自己去猜想。就是這樣的預告和不確定性更能吊足胃口，讓你迫不及待想知道接下來的劇情。這時如果爸媽沒空唸，孩子也就只好自己看下去，自然就更喜歡閱讀。

二、提升熟練度

孩子已經會拼音和認識一些國字了，但是因為識字量不足，加上都在認國字而疏於練習拼音，導致拼音效率不好無法自行閱讀，這時就需要再回到拼音的過程。這邊要特別提醒爸媽，請不要同時進行「拼音練習」和「自己閱讀」這兩件事，要練習拼音就拿字卡或是課本練習，而不要拿故事書讓孩子練習，避免孩子對於這兩者都產生排斥感。

三、少量多次

有些孩子沒辦法一次讀太多文字，常常讀到後來就兩眼放空。當孩子有這樣的問題，記得適時幫他畫上「休止符」，讓孩子把一整篇文章分好幾次讀完，反而可以提升他們的閱讀興趣和理解能力。一般常用的分法是根據「段落」或「章節」來做區隔。當孩子準備好可以讀比較長的文章時，孩子會自動忽略休止符，意猶未盡的看下去。

閱讀，是一輩子的能力。不要急著在起點就要孩子拚命追趕，慢慢走反而可以走得比較久、比較遠喔！

語言治療師帶你這樣玩

我們會喜歡閱讀，是因為從閱讀中得到了許多樂趣，以及與故事內容有所共鳴。當孩子準備進入獨立閱讀時，常常會把重點都放在自己唸讀得對不對，這時爸媽應該適時給予引導，讓孩子把閱讀的快樂找回來！

玩法一：遊戲規則樂趣多

爸媽先把準備給孩子玩的新遊戲規則加上注音，並在遊戲開始前請孩子幫忙閱讀。這時爸媽要假裝忙著把其他零件整理好，不要讓孩子發現爸媽是在等他讀，不然他們就會硬要爸媽唸。唸的過程中，就算有唸錯也不要責怪，而是假裝覺得奇怪再陪著他唸一遍。

玩法二：短篇笑話真有趣

許多笑話只有短短幾句，很適合讓孩子自己閱讀。坊間有適合孩子閱讀的笑話集，和孩子輪流讀不同篇。因為是短篇，孩子不會太過排斥，又因為內容好玩好笑，孩子閱讀意願會比較高喔！

玩法三：章節長篇故事

為了減少孩子讀太多而無法吸收，我們可以挑選一些章回故事。一開始先別挑《紅樓夢》、《水滸傳》這類文字量太大的古典小說，可以先挑選適合孩子程度的有圖有字橋梁書，例如〈妖怪小學〉、〈爆笑小火龍生活成長故事〉系列等等。當與孩子讀完一章之後，請孩子停下閱讀並進行討論，確保孩子一次閱讀量不會超出他的能力範圍，也能確保孩子有讀懂並能接續下去，這樣才能讓孩子保有期待感，提升閱讀動機。雖然說看完一個章節後可以停下來休息，但如果確認孩子有讀懂後，他仍想繼續閱讀下去，還是可以讓他們接著讀喔！

當孩子不喜歡自己閱讀時，千萬不要先入為主的覺得孩子是在偷懶，先看看他是卡在哪一個階段。若是一味逼他自己讀，反而更容易打壞他對閱讀的喜好，不是嗎？

39 每個字都會唸，卻讀不懂？

三年級的小銘，常常連週末都沒得休息，一直在複習功課，但是成績卻始終沒有起色。每一次考試什麼都沒錯，就是錯在閱讀測驗上。究竟小銘的閱讀能力哪裡出了問題？

閱讀，以「詞」為最小單位

每一個字都會認，但只要連在一起變成一篇文章就無法看懂。為什麼孩子會出現這樣的問題呢？其實，中文閱讀理解的最小單位跟大家想的不一樣，並不是「字」，而是「詞」。

讓我們用之前一個新聞標題「當當鋪都倒閉時」來做說明。我們在閱讀這標題時，並不是一個字一個字的讀「當・當・鋪・都・倒・閉・時」，而是切割成「當・當鋪・都・倒閉・時」。所以說，「詞」是中文閱讀理解的最小單位。

如果孩子是一個字一個字看，反而更難理解，這時真正需要帶孩子做的是「朗讀」。透過跟著大家一起大聲朗讀，讓孩子學會把句子切分為許多詞，進而理解文字後面的意義。

此外，還有另一個常被忽略的關卡——代名詞。在文章中經常會出現「你我他」用來替代故事中已提及的角色或物品，如果閱讀時無法正確替換，就會做出錯誤的解讀，自然影響到對整篇文意的理解。「代名詞」在日常對話中經常被省略，這也會導致孩子理解困難。例如：

「去房間把我的皮包拿出來，小心別吵到你爸。」
「啥？……為什麼是我去？」
「那麼多為什麼！」

在這段對話中即便沒有特別指出誰在說話，但是我們可以準確推測出哪一句話是媽媽說的，哪一句話又是小孩說的。對於代名詞理解不佳的孩子，卻覺得這樣的推測很困難，常會說：「為什麼不直接說是誰說的啊？」

練習切分語詞的能力

切分語能力不好的孩子常自己讀不懂，但別人一讀給他聽就懂了。因為大人已經幫他切分好語詞。我們可以透過三個方式來協助孩子：

一、練習朗讀

「朗讀」是我們學習將句子拆分成不同詞彙的關鍵。回想我們小時候，上課前全班都會大聲朗讀。在大聲朗讀時，不只是用眼睛看，還要用耳朵聽，修正自己嘴巴說話的速度配合全班一起的聲音。就是在這樣的過程中，我們學會在詞與詞之間有小小的停頓，並且學會有抑揚頓挫的語調。因此，朗讀是孩子在切割語句前應該學習的能力。不過，爸媽看到這裡不要誤會，朗讀不是要讓孩子自己讀就好，而是應該爸媽讀一句，孩子跟著唸一句。

二、練習圈詞

當孩子已經練習過朗讀後，就可以讓孩子練習「圈詞」了。這裡說的「圈詞」不是像孩子在課本上把生字圈起來這樣。這裡指的是請孩子把句子中每一個詞彙都圈起來，看他是否可以正確的切分語句，進而判斷他能否理解全句的意思。例如在故事中寫到「看到獵人手上的獵物……」，如果切割成「看到．獵．人手．上的獵．物」，即便孩子有看完，但鐵定看不懂。一開始引導孩子時，爸媽可以先幫孩子唸出來，讓孩子耳朵一邊聽，一邊拿筆圈，幫助他養成正確的閱讀策略喔！

三、代名詞理解

「代名詞」是一個很好用的工具，讓我們不用重複寫一串長長的名字，只要簡單一個字就可以輕鬆溝通。但也有一個缺點，就是當故事中的角色比較多，孩子就會搞不清楚「他」是誰。代名詞不是固定的一個人，而是隨著劇情改變的。閱讀時，爸媽可以問孩子，句子裡的「你我他」是誰，幫助孩子釐清故事的內容。爸媽不需要準備一大堆新書來考驗孩子，即便是孩子很熟悉的故事書，也可以拿來問問看。

語言治療師帶你這樣玩

許多爸媽們都很開心自己的孩子愛讀書，也看很多書，但是卻忽略孩子是否讀懂了。總是到閱讀測驗錯了很多題才發現有問題。這裡提供爸媽三個小活動做參考，幫助孩子練習閱讀理解能力。

玩法一：小小主播營

這個遊戲可以培養孩子的朗讀能力。在正式上臺前，先將準備好的短文由爸媽示範一遍，再換孩子唸一遍。等到讀得順暢時，請孩子站在舞臺中間開始正式播報。這時爸媽可以拿出手機將孩子播報的樣子錄下來，錄完再播出來，讓孩子一起看看朗讀得如何？詞與詞中間停頓得是否恰當？語句是否說得過快？藉此提升孩子斷詞斷句的能力。

玩法二：詞彙圈圈看

準備一篇孩子熟悉的文章，先帶孩子朗讀一遍，接著用一段內文示範如何圈詞，再讓孩子自己圈圈看。一開始練習圈一段文章即可，過程中如果有錯誤也先不急著糾正，等到都圈完後，帶著孩子用他圈詞的方式唸一遍文章。唸到有錯誤的地方時，問問孩子這樣圈的詞聽起來有沒有怪怪的？有沒有這個詞？藉由這樣討論的過程，讓孩子學會正確的「詞」的概念。

玩法三：編寫劇本遊戲

爸媽帶著孩子將故事改成劇本，接著進入寫劇本的過程。在這個過程中，孩子很快可以理解文章中代名詞所代表的人物為何，是一個非常好的代名詞練習活動。在改寫劇本的過程中，很推薦使用電腦打字，一來是比較快，二來是方便修改。孩子常常會在劇本中添加一些有趣的對話，也會感到更有樂趣。

每個字都會唸，卻讀不懂，不一定是孩子不用心，而是用錯方式讀。試試看，陪著孩子一個詞一個詞讀，就會看到孩子不一樣的表現。

40 造句哪有那麼難？

三年級的元元，從唸小一開始，只要碰到「造句」就會卡住，看到題目都說不會寫。媽媽搞不懂，明明他說話沒問題，寫字也沒障礙，造句有什麼難的？最近老師說要開始寫小作文了，讓媽媽變得更加焦慮。到底是什麼原因讓元元不會造句呢？

幫孩子建立文法概念

相信許多爸媽都覺得造句不難，但是對孩子來說，造句不是只有將說的話寫下來這麼簡單。在「造句」之前，我們必須先從看圖完成短句、語詞替換……等開始練習，從中了解正確的文法句型，以及分辨語句的正確與否。

進階到「照樣造句」及「造句」時，孩子需要自行推測「詞彙」所代表的「含意」與「詞性」（是名詞、動詞，還是形容詞？），困難度不只是提高一個等級。例如看到「難過」這個題目，孩子必須分辨這是指「玩具壞掉了我好難過」的「難過」，還是「馬路上車好多，好難過去」的「難過」。其實，要寫出合適的造句必須具備以下三種能力：

一、分類能力

這裡的分類除了是指孩子能否將物品歸類，還要看孩子能不能根據「詞性」和「特性」做分類，例如：拉、踢、跑……是動詞；漂亮的、開心的……是形容詞；快快樂樂、開開心心……是疊字等等。

二、詞語理解

剛剛前面提到的「難過」到底是什麼含意，如果孩子無法正確解讀，就會出現大家戲稱的「白痴造句法」。這種情況也很常發生在「成語造句」上，像有個小朋友造句時寫：「爸爸每天上班好辛苦，一直到很晚才陸陸續續的回家。」媽媽看到說：「你是有幾個爸爸，才可以陸陸續續回家？」孩子反而一頭霧水的回答：「一個啊。」當孩子造句有問題，爸媽可以先想想是否是在理解題意上卡住了，而不是責怪孩子。

三、文法概念

「文法概念」是孩子從小不斷的透過聽他人的語句，在試著使用的過程中反覆練習學來的。這是大腦會主動歸納、修正、分析的一種能力。如果孩子平時說話精簡，總是不超過五、六個字，自然很少使用到「連接詞」，例如「因為、所以、和、或……」等，正因為不知道該怎麼使用，造句就會寫得太短，常常被老師退貨。

造句並不只是把想說的話套進題目裡而已，也不是孩子隨便想一想，而是需要對詞彙具有足夠知識，才能找出隱藏的規律性。

打好造句能力的基礎

常常會有家長問到，如果讓孩子背誦優美詞句會不會提升造句能力？答案是不一定！因為有些孩子只是把句子背下來，卻不知道該在什麼時候使用。

因此，爸媽千萬不要小看低年級的準備，讓孩子把基礎打好，在中高年級遇到複雜句型或寫作時，才能輕鬆面對。

一、**練習分類**

我們可以將名詞、動詞換成「人物」、「動作」這樣的語詞，孩子很快就會懂得如何分類，而不會將不同「詞性」搞混在一起。此外，有一個很重要的小技巧，在照樣造句時，名詞和動詞比較簡單，形容詞因為比較抽象，所以孩子比較容易卡住。這時可以引導孩子先填寫簡單的「人物」或是「物品」，再去想剩下的空格（形容詞），比較容易想出答案。

二、**詞語定義**

每個人對同一個語詞難免有不同的解釋，這是很正常的事。但是在書面文字上，因為缺乏情境的線索提示，孩子很容易解讀錯誤，這時候就需要大人在旁跟孩子解釋。此外，許多孩子會卡在「縮寫」的判讀上，例如：「難過」是指心情的感受，並不是「很難走過去」的縮寫。如果孩子能一看就懂，當然馬上就寫出答案了。

三、**文法能力**

提到「文法」好像很難，其實只要善用示範，就能夠讓孩子理解，例如：

「一邊……一邊……」這個句型，爸媽可以先改成「照樣造句」，寫出一個範例，像是「我一邊吃飯，一邊【看電視】。」接著讓孩子練習完成以下填空：「我一邊吃飯，一邊【　　】。」成功之後，再將其他語詞也改為空格：「我一邊【　　】，一邊【　　】。」當空格數越來越多，再多練習幾次，孩子也就能自己造句了。

語言治療師帶你這樣玩

孩子不會造句時，如果只是不停反覆做題目，不見得會促進孩子的能力。陪孩子練好基本功，才能真的幫到孩子。以下提供幾個基本練功遊戲。

玩法一：造句拼拼樂

每個人根據不同分類，寫出至少五個詞彙，並且將每個詞彙的紙張對折放入相對應的分類盒裡，例如：五個人、五個地點、五個動作、五個物品及五個形容詞。接著，根據句型，例如：「形容詞＋人＋地點＋動作＋物品」依序抽出紙張，並唸讀出來，像是「胖胖的哥哥在操場踢鋼琴」。接著，我們根據唸出的句子跟孩子討論該怎麼修正，意思才會變得比較合理。這其實是一個非常有娛樂性的遊戲喔！

玩法二：美食評論家

在這個遊戲中，讓孩子將日常生活中常見的食物，練習用氣味、用顏色、用造型來形容，例如問孩子：「蘋果聞起來、摸起來、吃起來、看起來是怎麼樣的呢？」當然也可以改成兩人以上的輪流遊戲，大家一起集思廣益，想出不同的形容詞：紅紅的、甜甜的、圓圓的、香香的……用各種形容詞來描述物品，這樣就能幫助孩子增加詞彙量。

玩法三：照樣造句

坊間有一套桌遊叫做《聚一句》，裡面有許多不同句型卡和語詞卡，讓孩子在遊戲中練習使用不同語詞組合成合適的句型。爸媽也可以讓孩子根據同一個句型，照樣造句出五種不同句子，藉此提升孩子的造句能力。

※低年級常見造句句型

……也……	……像……	……都……	……有……還有……
……因為……	……要……也要……	……可是……	……但是……

造句有那麼難嗎？造句還真的不是只要背背名言佳句就可以解決的事。讓孩子從基礎練習，學會造句，未來才能順利寫出日記或作文喔！

附錄 孩子的語言發展常見問題檢核

親愛的爸爸媽媽：

為了讓你們更能針對孩子的問題尋找可能的處理方式，接下來想請爸爸媽媽們針對自己寶貝的狀況來做以下的檢核。

如果寶貝的狀況需要進一步注意並處理，也請別太擔心，只要根據建議，閱讀相對應的篇章，就能找到方法幫助家長來陪伴孩子做日常練習喔！

※口腔動作

一、孩子平時嘴巴都微開，甚至會流口水。　□常常　□有時　□不會

二、孩子不喜歡吃肉、菜等需要一直咀嚼的食物。　□常常　□有時　□不會

三、食物都需要被剪成小塊才吃。　□常常　□有時　□不會

四、吹氣時會流口水。　□常常　□有時　□不會

五、說話的時候，嘴巴都不太會動。 □常常 □有時 □不會

六、不會用吸管。 □常常 □有時 □不會

七、不會嘟嘴。 □常常 □有時 □不會

八、舌頭不會往上下或左右碰觸嘴唇。 □常常 □有時 □不會

如果有兩個以上回答為「常常」，或是三個以上回答為「有時」，表示孩子的口腔肌肉動作需要加強，會影響孩子的說話清晰度。建議參考本書第01、02、03、04章。

※語言理解

一、話都只聽一半，無法一次把交代的事情做好。 □常常 □有時 □不會

二、做事慢半拍，都要看同學做什麼才跟著做。 □常常 □有時 □不會

三、對話時答非所問。 □常常 □有時 □不會

四、聽完故事後回答不出問題。 □常常 □有時 □不會

五、玩遊戲都不遵守規則。 □常常 □有時 □不會

六、有些詞用中文講聽不懂，改用英文才理解。 □常常 □有時 □不會

七、句子說長一點就聽不懂。 □常常 □有時 □不會

八、聽完故事無法正確回答相關問題。 □常常 □有時 □不會

如果有兩個以上的回答為「常常」，或是三個以上的「有時」，很容易被誤認為是專注力的問題，但其實是孩子的語言理解發展出狀況囉！若是不注意，會影響孩子的學習效率，建議參考本書第10、16、17、26、27、31章。

※語言表達

一、不好好說話，都用哭的。 □常常 □有時 □不會

二、容易生氣，常常吼叫。 □常常 □有時 □不會

三、常用比的，但不用說的。 □常常 □有時 □不會

四、都聽得懂，就是不開口。 □常常 □有時 □不會

五、省話一哥（姊），能少說就少說。 □常常 □有時 □不會

六、說話都常講「這個……」、「那個……」。 □常常 □有時 □不會

七、在學校發生什麼事都說不出來。 □常常 □有時 □不會

八、說的話常常讓人一頭霧水，聽不出重點。 □常常 □有時 □不會

如果有兩個以上的回答為「常常」，或是三個以上的「有時」，表示孩子的表達性詞彙量可能比較少，而且需要注意表達的組織性，以免造成孩子人際上的問題。建議參考本書07、19、20、28、29、30章。

※語意理解

一、只聽字面上的意思，不知變通。 □常常 □有時 □不會
二、喜歡抓人語病。 □常常 □有時 □不會
三、開玩笑都會生氣。 □常常 □有時 □不會
四、聽不懂反話。 □常常 □有時 □不會
五、覺得都是別人沒把話說清楚。 □常常 □有時 □不會
六、用字遣詞需要非常精準，否則聽不懂。 □常常 □有時 □不會
七、不太會猜謎語。 □常常 □有時 □不會
八、對於語句的理解跟別人都不太一樣。 □常常 □有時 □不會

如果有三個以上的回答為「常常」，或是四個以上的「有時」，表示孩子的

語意理解能力比較弱，在與同儕互動及學習上容易出現困難，也會常常被人誤認為是個調皮的孩子。建議參考本書第18、27、32、33章。

※語用能力

一、覺得是實話就可以說，不管是否傷人。　□常常　□有時　□不會
二、說話不看場合，有話就說。　□常常　□有時　□不會
三、想跟小朋友玩，卻惹對方生氣不想一起玩。　□常常　□有時　□不會
四、說話像個小大人。　□常常　□有時　□不會
五、說的話常常讓人生氣，卻不知道哪裡說錯了。　□常常　□有時　□不會
六、在與人對話時，有不適合的回應出現。　□常常　□有時　□不會
七、常常搞不清楚狀況。　□常常　□有時　□不會
八、不會邀請朋友一起玩。　□常常　□有時　□不會

如果有三個以上的回答為「常常」，或是四個以上的「有時」，就要注意孩子是不是不清楚什麼時候該說話？什麼時候該停下來？建議參考本書第28、29、30、34章。

※構音問題

一、說話像含滷蛋，嘴巴都不太會動。 □常常 □有時 □不會

二、說話大舌頭，聲音不清楚。 □常常 □有時 □不會

三、說話很像都沒吞口水，每次都有口水聲。 □常常 □有時 □不會

四、要叫「阿公」變成「阿東」。 □常常 □有時 □不會

五、「兔子」都說成「褲子」。 □常常 □有時 □不會

六、慢慢說都聽得懂，說很快就聽不懂。 □常常 □有時 □不會

七、「西瓜」會說成「基瓜」。 □常常 □有時 □不會

八、把「一二三」說成「一二簪」。 □常常 □有時 □不會

如果有一個以上的回答為「常常」，或是兩個以上的「有時」，孩子可能就有構音方面的問題囉！若孩子已經滿四歲，就不要再認為孩子長大就會好，應尋求語言發展方面的專業幫助。建議參考第11、12、21、22、23章。

※學業問題

一、認不得注音符號。 □常常 □有時 □不會

二、會認注音但是不會拼。　□常常　□有時　□不會

三、會拼音但是不會聽寫。　□常常　□有時　□不會

四、無法區分聲調。　□常常　□有時　□不會

五、無法分辨相似音。　□常常　□有時　□不會

六、看到照樣造句或造句就頭大。　□常常　□有時　□不會

七、自己閱讀讀不懂，別人幫忙讀就會了。　□常常　□有時　□不會

八、看不懂應用題或題目換句話說就不會。　□常常　□有時　□不會

如果有一個以上的回答為「常常」，或是兩個以上的「有時」，代表孩子的學業學習容易卡關喔！建議參考第35、36、37、38、39和40章。

升級孩子的語言力

光光老師╳美希老師的40堂語言發展課

作者／光光老師（廖笙光）、美希老師（葉美希）
封面・內頁繪圖／林柏辰

主編／林孜懃
封面設計／謝佳穎
內頁設計排版／陳春惠
行銷企劃／鍾曼靈
出版一部總編輯暨總監／王明雪

發行人／王榮文
出版發行／遠流出版事業股份有限公司
地址／104005臺北市中山北路一段11號13樓
電話／（02）2571-0297 傳真／（02）2571-0197 郵撥／0189456-1
著作權顧問／蕭雄淋律師
□2022年6月1日 初版一刷

定價／新臺幣380元（缺頁或破損的書，請寄回更換）

ISBN 978-957-32-9570-9

遠流博識網 http://www.ylib.com E-mail: ylib@ylib.com
遠流粉絲團 https://www.facebook.com/ylibfans

國家圖書館出版品預行編目(CIP)資料

升級孩子的語言力：光光老師X美希老師的40堂語言發展課/
光光老師(廖笙光), 美希老師(葉美希)合著. -- 初版. -- 臺北
市：遠流出版事業股份有限公司, 2022.06
面； 公分
ISBN 978-957-32-9570-9(平裝)

1.CST: 幼兒語言發展 2.CST: 語文教學

523.16 111006279